Dedicado a

_____

Por

_____

_____

Fecha

El Desafío del Amor

El Desafío del Amor

Atrévete a Amar

STEPHEN Y ALEX
KENDRICK
CON LAWRENCE KIMBROUGH

NASHVILLE, TENNESSEE

ADVERTENCIA: ESTE VIAJE DE CUARENTA DÍAS
NO PUEDE TOMARSE A LA LIGERA.

ES UN PROCESO DESAFIANTE Y A MENUDO
DIFÍCIL, PERO TAMBIÉN ES INCREÍBLEMENTE
SATISFACTORIO. PARA ACEPTAR ESTE DESAFÍO,
DEBEMOS TENER PLENA CONCIENCIA
DE LO QUE REPRESENTA Y TOMAR UNA
DETERMINACIÓN FIRME.

NO ESTÁ HECHO PARA PROBAR DURANTE UN
TIEMPO, Y LOS QUE ABANDONEN PRONTO
PERDERÁN LOS MAYORES BENEFICIOS.
SI ESTÁS DISPUESTO A COMPROMETERTE
UN DÍA A LA VEZ DURANTE CUARENTA DÍAS,
LOS RESULTADOS PODRÍAN CAMBIAR TU VIDA
Y TU MATRIMONIO.

CONSIDÉRALO COMO UN DESAFÍO, DE PARTE
DE QUIENES LO ACEPTARON ANTES QUE TÚ.

DIOS DISEÑÓ Y CREÓ el matrimonio como algo bueno, hermoso e invalorable. Él usa el matrimonio para ayudarnos a terminar con la soledad, multiplicar nuestra eficacia, establecer familias, criar hijos, disfrutar la vida y bendecirnos con intimidad en la relación. El matrimonio también nos muestra la necesidad de crecer y tratar nuestros propios problemas y nuestro egoísmo con la ayuda de un compañero para toda la vida. Si estamos dispuestos a recibir enseñanza, aprenderemos a hacer lo más importante en el matrimonio: amar. Esta unión te proporciona el camino para que aprendas a amar, de manera incondicional, a otra persona imperfecta. Es maravilloso. Es difícil. Cambia la vida.

Este libro se trata del amor. Se trata de aprender y de atreverse a tener una vida llena de relaciones de amor. Y este viaje comienza con la persona que se encuentra más cerca de ti: tu cónyuge. Que Dios te bendiga al comenzar esta aventura.

No te quepa duda: deberás ser valiente. Si aceptas este desafío, debes tener la visión de que en lugar de *seguir* tu corazón, decides *guiarlo*. El mundo te dice que sigas tu corazón, pero si tú no lo guías, alguien o algo lo hará por ti. La Biblia dice que «más engañoso que todo, es el corazón» (Jeremías 17:9), y que siempre buscará hacer lo que mejor le parezca en el momento.

Te desafiamos a que decidas *guiar tu corazón* hacia lo que a la larga será lo mejor. Esta es la clave para tener relaciones duraderas y satisfactorias.

El viaje que realizamos con este libro no es un proceso en el que intentas cambiar a tu cónyuge para que sea como tú quieres que sea. Sin duda, ya has descubierto que los esfuerzos para cambiar a tu esposo o esposa han terminado en fracaso y frustración. En cambio, es un viaje para explorar y demostrar el amor genuino, aun cuando tu deseo se haya marchitado y tu motivación sea escasa. Lo cierto es que el amor es una decisión y no un sentimiento. Es desinteresado, se sacrifica y nos transforma. Y cuando en verdad se demuestra tal como fue diseñado, es probable que tu relación cambie en forma saludable.

Cada día de este viaje tendrá tres elementos sumamente importantes:

En primer lugar, se hablará acerca de un aspecto único del amor. Lee cada uno con cuidado y mantente abierto a una nueva comprensión de lo que significa amar a alguien de verdad.

En segundo lugar, se te desafiará a que realices algo específico por tu cónyuge. Algunos desafíos serán sencillos y otros, un verdadero reto; pero tómalos en serio y sé lo suficientemente creativo y valiente como para intentarlos. No te desalientes si no puedes lograr un desafío en particular debido a situaciones externas. Retoma apenas puedas y sigue adelante con el viaje.

Por último, tendrás un espacio en el cual registrar lo que estás aprendiendo y haciendo y la manera en que tu cónyuge responde. Es importante que aproveches este espacio para anotar lo que sucede tanto contigo como con tu cónyuge en este trayecto. Estas notas reflejarán tu progreso y serán invalorables para ti en el futuro.

Recuerda, tienes la responsabilidad de proteger y guiar tu corazón. No te des por vencido ni te desalientes. Decide guiar tu corazón y llegar hasta el final. Aprender a amar de verdad es una de las cosas más importantes que harás en tu vida.

Y AHORA PERMANENCEN LA FE,
LA ESPERANZA Y EL AMOR, ESTOS TRES;
PERO EL MAYOR DE ELLOS ES EL AMOR.

1 Corintios 13:13

SI YO HABLARA LENGUAS HUMANAS Y
ANGÉLICAS, PERO NO TENGO AMOR, HE
LLEGADO A SER COMO METAL QUE RESUENA O
CÍMBALO QUE RETIÑE.

Y SI TUVIERA EL DON DE PROFECÍA, Y
ENTENDIERA TODOS LOS MISTERIOS Y TODO
CONOCIMIENTO, Y SI TUVIERA TODA LA FE
COMO PARA TRASLADAR MONTAÑAS, PERO NO
TENGO AMOR, NADA SOY.

Y SI DIERA TODOS MIS BIENES PARA DAR DE
COMER A LOS POBRES, Y SI ENTREGARA MI
CUERPO PARA SER QUEMADO, PERO NO TENGO
AMOR, DE NADA ME APROVECHA.

1 CORINTIOS 13:1-3

Día 1
El amor es paciente

Sean humildes, amables y pacientes, y con amor dense apoyo
los unos a los otros. Efesios 4:2, TLA

El amor da resultado. Es el motivador más poderoso de
la vida y tiene una profundidad y un significado tanto mayor
de lo que comprende la mayoría de las personas. Siempre
hace lo mejor para los demás y puede darnos la capacidad de
enfrentar el problema más terrible. Nacemos con una sed de
amor que dura toda la vida. Nuestro corazón lo necesita con
desesperación, como nuestros pulmones necesitan el oxígeno.
El amor cambia nuestra motivación para vivir. Con él, las
relaciones cobran significado. Ningún matrimonio puede tener
éxito sin amor.

El amor se apoya en dos pilares que lo definen a la
perfección. Esos pilares son la *paciencia* y la *bondad*. Las otras
características del amor son extensiones de estos dos atributos.
Y aquí comenzará tu desafío: con la *paciencia*.

El amor te inspirará a transformarte en una persona
paciente. Cuando decides ser paciente, respondes en forma
positiva frente a una situación negativa. Eres lento para
enojarte. Decides guardar la compostura en lugar de enfadarte
con facilidad. En vez de ser impaciente y exigente, el amor te
ayuda a calmarte y comenzar a demostrar misericordia a los que
te rodean. La paciencia trae una tranquilidad interior durante
una tormenta exterior.

A nadie le gusta estar cerca de una persona impaciente.
Hace que reacciones exageradamente con enojo,
insensatez y de manera lamentable.

El enojo frente a una acción injusta, irónicamente, genera nuevos agravios. El *enojo* casi nunca mejora las cosas. Es más, en general produce problemas adicionales. Por el contrario, la *paciencia* para en seco cualquier controversia. Más que morderte el labio, más que taparte la boca con la mano, la paciencia es un suspiro profundo. Despeja el ambiente. No deja que la insensatez agite amenazante su cola de escorpión. Es la decisión de controlar tus sentimientos en lugar de permitir que estos te controlen, y recurre al tacto en vez de devolver mal por mal.

Si tu cónyuge te ofende, ¿tomas represalias con rapidez o permaneces bajo control? ¿Acaso el enojo es tu estado emocional por defecto cuando te tratan en forma injusta? Si así es, estás esparciendo veneno en lugar de medicina.

En general, el enojo se produce cuando un fuerte deseo de algo se mezcla con la desilusión o el dolor. No obtienes lo que quieres y comienza a subir la temperatura en tu interior. A menudo, es una reacción emocional que surge de nuestro propio egoísmo, de nuestra insensatez o de nuestras malas motivaciones.

En cambio, la paciencia nos hace sabios. No se apresura a sacar conclusiones sino que escucha qué dice la otra persona. La paciencia permanece a la puerta, allí donde el enojo hace todo lo posible por entrar, y espera a tener una visión completa de la situación antes de juzgar. La Biblia dice: «El lento para la ira tiene gran prudencia, pero el que es irascible ensalza la necedad» (Proverbios 14:29).

Así como la falta de paciencia transformará tu hogar en una zona de combate, la práctica de la paciencia fomentará la paz y la tranquilidad. «El hombre irascible suscita riñas, pero el lento para la ira apacigua contiendas» (Proverbios 15:18). Afirmaciones como estas, del libro de Proverbios en la Biblia, son principios claros que tienen una relevancia eterna. La paciencia es el punto en que el amor se une a la sabiduría. Y todo matrimonio necesita esa combinación para permanecer saludable.

La paciencia te ayuda a darle permiso a tu cónyuge para que sea humano. Comprende que todos fallamos. Cuando se comete un error, decide darle más tiempo del que se merece para corregirlo. Te proporciona capacidad para resistir durante las épocas difíciles en la relación, en lugar de huir ante la presión.

¿Tu cónyuge puede estar seguro de que tiene una esposa o un esposo paciente con el cual tratar? ¿Ella puede saber que si deja las llaves dentro del auto y lo cierra encontrará tu comprensión en lugar de un sermón degradante que la haga sentir como una niña? ¿Él puede saber que alentar durante los últimos segundos de un partido de fútbol no traerá como consecuencia una lista ofensiva y larga de maneras en las que debería pasar el tiempo? Hay pocas personas con las que resulta tan difícil vivir como con alguien impaciente.

¿Cómo sería el tono y el volumen de tu hogar si probaras el siguiente enfoque bíblico? «Mirad que ninguno devuelva a otro mal por mal, sino procurad siempre lo bueno los unos para con los otros, y para con todos» (1 Tesalonicenses 5:15).

A pocos de nosotros nos resulta fácil la paciencia, y a ninguno le surge en forma natural. Sin embargo, las mujeres y los hombres sabios la considerarán el ingrediente esencial para su relación matrimonial. Es un buen punto de partida para comenzar a demostrar el amor verdadero.

Este viaje para atreverse a amar es un proceso, y lo primero que debes decidir poseer es paciencia. Considéralo como un maratón, y no una carrera corta. Sin embargo, es una carrera que vale la pena correr.

LA PRIMERA PARTE DE ESTE DESAFÍO ES BASTANTE SIMPLE. AUNQUE EL AMOR SE COMUNICA DE DISTINTAS MANERAS, NUESTRAS PALABRAS A MENUDO REFLEJAN LA CONDICIÓN DE NUESTRO CORAZÓN. DURANTE EL PRÓXIMO DÍA, DECIDE DEMOSTRAR PACIENCIA Y NO DECIRLE NADA NEGATIVO A TU CÓNYUGE. SI SURGE LA TENTACIÓN, ELIGE NO DECIR NADA. ES MEJOR CONTENERTE QUE EXPRESAR ALGO QUE LUEGO LAMENTARÁS.

___ Haz una marca aquí cuando hayas completado el desafío de hoy.

¿En este día sucedió algo que te haya hecho enojar con tu cónyuge? ¿Te viste tentado a tener pensamientos de desaprobación y a expresarlos en palabras?

_____

_____

_____

_____

_____

_____

Que cada uno sea pronto para oír, tardo para hablar, tardo para la ira. (Santiago 1:19)

Día 2
El amor es amable

Sed más bien amables unos con otros, misericordiosos, perdonándoos unos a otros, así como también Dios os perdonó en Cristo. Efesios 4:32

La amabilidad es el amor en acción. Si la paciencia es la manera en que el amor *reacciona* para reducir al mínimo una circunstancia negativa, la amabilidad es la manera en que el amor *actúa* para aumentar al máximo una circunstancia positiva. La paciencia evita un problema; la amabilidad crea una bendición. Una es preventiva, la otra es dinámica. Estas dos caras del amor son las piedras angulares sobre las cuales se construyen los demás atributos que trataremos.

El amor te hace amable. Y la amabilidad te hace agradable. Cuando eres amable, las personas quieren estar cerca de ti. Perciben que eres bueno *con ellas* y que *les haces* bien.

La Biblia declara: «La misericordia y la verdad nunca se aparten de ti; átalas a tu cuello, escríbelas en la tabla de tu corazón. Así hallarás favor y buena estimación ante los ojos de Dios y de los hombres» (Proverbios 3:3-4). «Amabilidad» puede parecer un término genérico para definir, y más aún para poner en práctica. Así que separaremos la amabilidad en cuatro ingredientes esenciales:

Dulzura. Cuando obras con amabilidad, tienes cuidado de cómo tratas a tu cónyuge y jamás eres demasiado severo. Eres sensible y tierno. Aun si es necesario decir algo difícil, harás lo imposible para que tu reprimenda o desafío logren ser tan fáciles de escuchar como sea posible. Dices la verdad con amor.

Servicio. Ser amable significa que cubres las necesidades del momento. Si se trata de tareas domésticas, te pones a trabajar. ¿Hace falta un oído dispuesto? Lo proporcionas. La amabilidad adorna a la esposa con la capacidad de servir a su esposo sin preocuparse por los derechos propios. La amabilidad hace que un esposo tenga curiosidad de descubrir lo que su esposa necesita, y lo motiva a ser el que dé un paso al frente y se asegure de que esas necesidades se satisfagan... aun si las propias quedan en espera.

Buena disposición. La amabilidad te inspira a estar dispuesto. En lugar de ser obstinado, reacio o terco, cooperas y te mantienes flexible. En vez de quejarte y poner excusas, buscas razones para llegar a un acuerdo y adaptarte. Un esposo amable termina miles de posibles discusiones con su disposición de escuchar antes de exigir que se haga lo que quiere.

Iniciativa. La amabilidad piensa de antemano y luego da el primer paso. No se sienta a esperar que la impulsen u obliguen a salir del sofá. El esposo o la esposa amable será el que salude primero, el que sonría primero, el que sirva primero y perdone primero. No necesita que el otro haga las cosas bien para demostrar amor. Cuando obras desde la amabilidad, ves la necesidad y das el primer paso.

Jesús describió de manera creativa la amabilidad del amor en la parábola del buen samaritano, que se encuentra en la Biblia, en el capítulo 10 de Lucas. A un hombre judío lo atacan unos ladrones y lo dejan moribundo en un camino apartado. Dos líderes religiosos, respetados entre su gente, pasan y deciden no detenerse. Estaban demasiado ocupados. Eran demasiado importantes. Les gustaba demasiado tener las

manos limpias. Sin embargo, un hombre común de otra raza
(de los odiados samaritanos, cuyo desprecio por los judíos era
tanto amargo como mutuo) vio a este extraño necesitado y se
conmovió con compasión. Cruzó todas las barreras culturales
y se arriesgó a hacer el ridículo, pero se detuvo a ayudar al
hombre. Vendó sus heridas, lo colocó sobre su propio burro, lo
llevó a un lugar seguro y pagó todos los gastos médicos de su
propio bolsillo.

En donde años de racismo habían causado conflictos y
división, un acto de amabilidad unió a dos enemigos. Con
dulzura. Por medio del servicio. Con buena disposición. Este
hombre tomó la iniciativa y demostró la verdadera amabilidad
en todas sus formas.

¿Acaso al principio no fue la amabilidad algo clave que
los unió a ti y a tu cónyuge? Cuando te casaste, ¿no esperabas
disfrutar de su amabilidad durante el resto de tu vida? ¿Acaso
tu pareja no sentía lo mismo con respecto a ti? Aunque los años
pueden mitigar ese deseo, tu placer en el matrimonio sigue
estando ligado al nivel diario de amabilidad expresada.

La Biblia describe a una mujer cuyo esposo e hijos la
bendicen y la alaban. Entre sus atributos nobles se encuentran:
«Abre su boca con sabiduría, y hay enseñanza de bondad en
su lengua» (Proverbios 31:26). ¿En qué lugar del medidor de
amabilidad te colocaría tu cónyuge? ¿Cuán severo eres? ¿Cuán
dulce y servicial? ¿Esperas que te pidan las cosas o tomas la
iniciativa para ayudar?

Es difícil demostrar amor cuando tienes poco o
nada de motivación. Sin embargo, el amor en esencia
no se fundamenta en los sentimientos; sino que toma la
determinación de manifestar amabilidad aun cuando parezca
no haber recompensa. Nunca aprenderás a amar hasta que
aprendas a ser amable.

EL DESAFÍO DE HOY

HOY TAMBIÉN, ADEMÁS DE NO DECIRLE NADA NEGATIVO A TU CÓNYUGE, REALIZA AL MENOS UN GESTO INESPERADO COMO ACTO DE AMABILIDAD.

___ Haz una marca aquí cuando hayas completado el desafío de hoy.

¿Qué descubriste hoy sobre el amor? ¿Qué hiciste, en concreto, en este desafío? ¿Cómo demostraste amabilidad?

Lo que es deseable en un hombre es su bondad. (Proverbios 19:22)

Día 3
El amor no es egoísta

Sed afectuosos unos con otros con amor fraternal; con honra,
daos preferencia unos a otros. Romanos 12:10

Vivimos en un mundo prendado de sí mismo. La cultura que nos rodea nos enseña a concentrarnos en nuestra apariencia, nuestros sentimientos y nuestros deseos personales como si fueran la prioridad fundamental. Parece que el objetivo es buscar el mayor nivel de felicidad que sea posible. Sin embargo, el peligro de este modo de pensar se hace dolorosamente evidente cuando se está dentro de una relación matrimonial.

Si hay una palabra que signifique en esencia lo opuesto al amor, es *egoísmo*. Por desgracia, todas las personas lo traen arraigado desde el nacimiento. Puedes verlo en el comportamiento de los niños y, a menudo, en el maltrato entre adultos. El origen de casi todo acto pecaminoso que se haya cometido puede encontrarse en una motivación egoísta. Es un rasgo que detestamos en las demás personas pero que justificamos en nuestro caso. Sin embargo, no puedes señalar las muchas maneras en las que tu cónyuge es egoísta sin admitir que tú también podrías serlo. Sería hipócrita.

¿Por qué tenemos criterios tan bajos para nosotros y expectativas tan altas para nuestra pareja? La respuesta es cruda: *todos somos egoístas.*

Cuando un esposo pone sus intereses, sus deseos y sus prioridades antes que su esposa, es una señal de egoísmo.

Cuando una esposa se queja sin parar del tiempo y la energía que gasta para satisfacer las necesidades de su esposo, es una señal de egoísmo. Sin embargo, el amor «no busca lo suyo» (1 Corintios 13:5). Las parejas amorosas (las que disfrutan del propósito pleno del matrimonio) se empeñan en cuidar bien al otro ser humano imperfecto con quien comparten la vida. Esto se debe a que el verdadero amor busca maneras de decir «sí».

Un aspecto irónico del egoísmo es que aun los actos de generosidad pueden ser egoístas si la motivación es jactarse o recibir una recompensa. Si haces algo bueno para manipular en forma deshonesta a tu esposo o a tu esposa, sigues siendo egoísta. En pocas palabras, o tomas decisiones por amor a los demás o por amor a ti mismo.

El amor nunca se satisface si no es por el bien de los demás. No puedes actuar con amor verdadero y con egoísmo al mismo tiempo. Elegir amar a tu pareja hará que digas «no» a lo que quieres para poder decir «sí» a lo que el otro necesita. Significa colocar la felicidad de tu pareja por encima de la tuya. No quiere decir que nunca puedas experimentar la felicidad, pero no invalidas la felicidad de tu cónyuge para poder gozar de ella.

Además, el amor trae una alegría interior. Cuando le das prioridad al bienestar de tu pareja, hay una satisfacción que las acciones egoístas no pueden copiar. Es un beneficio que Dios creó y lo reserva para quienes demuestran amor en forma genuina. La verdad es que cuando renuncias a tus derechos por el bien de tu pareja, tienes la oportunidad de pasar a un segundo lugar en pro del propósito supremo del matrimonio.

Nadie te conoce tan bien como tu cónyuge. Esto significa que nadie reconocerá con mayor rapidez un cambio cuando en forma deliberada comiences a sacrificar tus necesidades y deseos para asegurarte de que los de tu pareja se satisfagan.

Si te resulta difícil sacrificar tus propios deseos para beneficiar a tu cónyuge, quizá tengas un problema más profundo con el egoísmo de lo que quieres admitir.

Hazte las siguientes preguntas:
- ¿En verdad quiero lo mejor para mi cónyuge?
- ¿Quiero que sienta que lo amo?
- ¿Creerá que quiero lo mejor para él?
- ¿Me percibe como alguien que primero busca su propio bienestar?

Ya sea que te guste o no, tienes una reputación a los ojos de las personas que te rodean, en especial, a los ojos de tu cónyuge. ¿Es una reputación de amor? Recuerda, tu cónyuge también tiene el desafío de amar a una persona egoísta. Así que decide ser el primero en demostrarle el verdadero amor, con plena conciencia de lo que haces. Y al final, los dos se sentirán más realizados.

«Nada hagáis por egoísmo o por vanagloria, sino que con actitud humilde cada uno de vosotros considere al otro como más importante que a sí mismo» (Filipenses 2:3).

EL DESAFÍO DE HOY

LAS COSAS A LAS QUE LES DEDIQUES TU
TIEMPO, TU ENERGÍA Y TU DINERO COBRARÁN
MÁS IMPORTANCIA PARA TI. ES DIFÍCIL QUE
TE IMPORTE ALGO EN LO QUE NO INVIERTES.
ADEMÁS DE REFRENARTE DE LOS COMEN-
TARIOS NEGATIVOS, CÓMPRALE ALGO A TU
CÓNYUGE QUE LE COMUNIQUE:
«HOY ESTUVE PENSANDO EN TI».

___ Haz una marca aquí cuando hayas
completado el desafío de hoy.

¿Qué elegiste darle a tu cónyuge? ¿Qué sucedió cuando se lo
diste?

_____

_____

_____

_____

_____

_____

_____

_____

que donde hay celos y ambición personal, allí hay confusión y toda cosa mala. (Santiago 3:16)

Día 4
El amor es reflexivo y considerado

¡Cuán preciosos también son para mí [...] tus pensamientos!
¡Cuán inmensa es la suma de ellos! Si los contara, serían más que
la arena. Salmo 139:17-18

El amor piensa. No es un sentimiento mecánico que fluye en oleadas de sentimientos y se duerme mentalmente. Mantiene la mente ocupada al saber que los pensamientos amorosos anteceden a las acciones amorosas.

Cuando apenas te enamoraste, te resultaba bastante natural ser reflexivo. Pasabas horas soñando con tu ser amado, te preguntabas qué estaría haciendo, ensayabas cosas admirables para decir y luego disfrutabas los dulces recuerdos de los momentos que pasaban juntos. Confesabas con sinceridad: «No puedo dejar de pensar en ti».

En la mayoría de las parejas, las cosas comienzan a cambiar luego de casarse. La esposa al fin tiene a su hombre; el esposo tiene su trofeo. Las chispas del romance se consumen hasta transformarse en brasas grisáceas, y la motivación para la reflexión se enfría. Poco a poco, tu atención se vuelca a tu trabajo, a tus amigos, a tus problemas, a tus deseos personales, a ti mismo. Luego de un tiempo, comienzas a ignorar las necesidades de tu pareja sin darte cuenta.

El matrimonio ha añadido otra persona a tu universo. Si no aprendes a ser reflexivo, al final lamentas las oportunidades que pierdes de demostrar amor. La falta de consideración es un enemigo silencioso para una relación amorosa.

Seamos sinceros. Los hombres luchan

con la consideración más que las mujeres. Un hombre puede concentrarse como un láser en una cosa y olvidarse del resto del mundo. Aunque esto puede ser beneficioso por un lado, también puede hacer que pase por alto otras cuestiones que necesitan su atención.

Por otro lado, la mujer puede prestar atención a varios asuntos y estar pendiente en forma increíble de distintos factores a la vez. Puede hablar por teléfono, cocinar, saber en dónde se encuentran los hijos en la casa y preguntarse por qué su esposo no la ayuda... todo al mismo tiempo. Además, es consciente de todas las personas conectadas con esa tarea.

Estas dos tendencias son ejemplos de cómo Dios diseñó a la mujer para que completara al hombre. Dijo Dios en la creación: «No es bueno que el hombre esté solo; le haré una ayuda idónea» (Génesis 2:18). Sin embargo, estas diferencias también crean oportunidades para los malentendidos.

Por ejemplo, los hombres tienden a pensar en forma de titulares y a decir exactamente lo que quieren decir. No se necesita demasiado para comprender el mensaje. Sus palabras son más literales y no habría que analizarlas demasiado; pero las mujeres piensan y hablan entre líneas. Tienden a insinuar. A menudo, los hombres deben escuchar lo que está implícito para comprender todo el mensaje.

Si una pareja no entiende estas diferencias, las consecuencias pueden ser desacuerdos interminables. Él se siente frustrado y se pregunta por qué su esposa habla con acertijos en vez de decir algo en forma directa. Ella se siente frustrada y se pregunta por qué su esposo es tan desconsiderado y no ata cabos para comprender las cosas.

La mujer anhela profundamente que su esposo sea considerado y reflexivo. Esto es clave para ayudarla a que se sienta amada. Cuando ella habla, el hombre sabio escuchará como un detective para descubrir las necesidades y los deseos tácitos que insinúan sus palabras. Sin embargo, si ella siempre tiene que decirle cómo son las cosas, se pierde la oportunidad de que el esposo demuestre que la ama.

Esto también explica por qué las mujeres se enojan con sus esposos sin decirles por qué. Ella piensa: «No debería tener que explicarle todo. Tendría que poder mirar la situación y darse cuenta de lo que sucede». Al mismo tiempo, él sufre porque no puede leerle la mente a su esposa y se pregunta por qué se lo castiga por un crimen que ignoraba haber cometido.

El amor exige consideración (de las dos partes); la clase de consideración que construye puentes con la combinación constructiva de la paciencia, la amabilidad y la generosidad. El amor te enseña a llegar a un acuerdo, a respetar y valorar la manera única en la que piensa tu cónyuge.

El esposo debería escuchar a su esposa y aprender a considerar sus mensajes tácitos. La esposa debería aprender a comunicarse con sinceridad y no decir una cosa cuando en realidad quiere decir otra.

Sin embargo, muchas veces te enojas y te frustras, y sigues el patrón destructivo de «preparen, apunten, ¡fuego!». En el momento, hablas con dureza; y más tarde, decides si deberías haberlo dicho. Por el contrario, la naturaleza reflexiva del amor, te enseña a usar la mente antes de usar la boca. El amor piensa antes de hablar. Filtra las palabras a través de una rejilla de verdad y bondad.

¿Cuándo fue la última vez que pasaste algunos minutos pensando sobre cómo podrías comprender mejor a tu cónyuge y demostrarle amor? ¿Qué necesidad inmediata podrías satisfacer? ¿Para qué acontecimiento próximo (aniversario, cumpleaños, día festivo) podrías prepararte? Los grandes matrimonios surgen de la reflexión profunda.

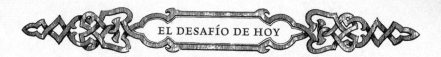

EL DESAFÍO DE HOY

PONTE EN CONTACTO CON TU CÓNYUGE EN
ALGÚN MOMENTO DEL DÍA. SIN NINGUNA OTRA
INTENCIÓN, PREGÚNTALE CÓMO ESTÁ Y SI
PUEDES HACER ALGO POR ÉL.

___ Haz una marca aquí cuando hayas
completado el desafío de hoy.

¿Qué aprendiste de ti mismo o de tu cónyuge al hacer esto
hoy? ¿Cómo podría transformarse en una parte más natural,
rutinaria y sumamente útil de tu estilo de vida?

Doy gracias a mi Dios siempre que me acuerdo de vosotros. (Filipenses 1:3)

Día 5
El amor no es grosero

Al que muy de mañana bendice a su amigo en alta voz,
le será contado como una maldición. Proverbios 27:14

Nada irrita más rápido a los demás como la mala educación. Ser grosero significa decir o hacer algo innecesario que le haga pasar un mal momento a la persona que esté cerca. Ser grosero es actuar en forma indecorosa, vergonzosa o irritante. En el matrimonio, podría tratarse de tener una boca sucia, malos modales en la mesa o el hábito de hacer bromas sarcásticas. Desde cualquier punto de vista, a nadie le gusta estar cerca de una persona grosera. La conducta grosera puede parecerle insignificante a quien la practica, pero es desagradable para los que están cerca.

Como siempre, el amor tiene algo para decir al respecto. Cuando un hombre es impulsado por el amor, se comporta en forma intencional de una manera que a la esposa le resulte más agradable. Si ella desea amarlo, resuelve evitar lo que lo frustra y le molesta.

En esencia, el amor genuino cuida sus modales.

Adoptar este concepto podría traer aire fresco a tu matrimonio. Los buenos modales le expresan a tu esposa o esposo: «Te valoro lo suficiente como para ejercer algo de dominio propio cerca de ti. Quiero ser una persona con la que sea un placer estar». Cuando permites que el amor cambie tu conducta (aunque sea de la manera más insignificante) restauras una atmósfera de honor en la relación. Por lo general, las personas que practican una buena etiqueta aumentan el nivel de respeto en el ambiente donde están.

Casi siempre, la etiqueta que usas en tu casa es totalmente distinta a la que usas con tus amigos, o incluso con extraños. En tu casa, puedes gritar o poner mala cara, pero si suena el timbre, abres con una gran sonrisa y lleno de amabilidad. Sin embargo, si te atreves a amar, también querrás dar lo mejor de ti mismo a los tuyos. Si no dejas que el amor te motive a realizar los cambios necesarios en tu conducta, la calidad de tu relación matrimonial sufrirá.

Las mujeres suelen ser mucho mejores que los hombres con ciertos modales, aunque pueden ser groseras de otras maneras. El rey Salomón dijo: «Más vale habitar en un rincón de la azotea que compartir el techo con mujer pendenciera» (Proverbios 25:24 NVI). Son los hombres en especial quienes necesitan aprender esta importante lección. La Biblia dice: «Bien le va al hombre que se apiada» (Salmo 112:5). El hombre discreto averiguará qué es apropiado y ajustará su conducta en consecuencia.

Hay dos razones principales por las que la gente es grosera: la *ignorancia* y el *egoísmo*. Por supuesto, ninguna de las dos cosas es buena. Los niños nacen sin saber nada sobre los buenos modales, y necesitan mucha ayuda y enseñanza. Sin embargo, los adultos demuestran su ignorancia de otra manera. Conoces las reglas, pero puedes no darte cuenta de cómo las rompes o ser demasiado egoísta como para que te importe. De hecho, quizá no te des cuenta de lo desagradable que puede ser vivir contigo.

Ponte a prueba con las siguientes preguntas:
• ¿Qué piensa tu cónyuge de la manera en que hablas y actúas cuando estás cerca de él?

- ¿Qué efecto tiene tu conducta en la valía y la autoestima de tu pareja?
- ¿Tu cónyuge diría que eres una bendición o que te crees superior y lo avergüenzas?

Si piensas que tu cónyuge (y no tú) es el que tiene que hacer cambios en esta área, es probable que sufras de un caso grave de ignorancia, con efectos secundarios de egoísmo. Recuerda, el amor no es grosero sino que te lleva a obrar con principios superiores.

¿Te gustaría que tu cónyuge dejara de hacer todo eso que te molesta? Entonces, es hora de dejar de hacer todo eso que le molesta. ¿Serás lo suficientemente considerado y amoroso como para descubrir y evitar la conducta que hace que la vida le resulte desagradable a tu pareja? ¿Te atreverás a ser encantador?

Aquí tienes tres principios orientadores que se refieren a practicar los buenos modales en tu matrimonio:

1. *Respeta la regla de oro.* Trata a tu pareja de la misma manera en la que quieres que te trate (ver Lucas 6:31)
2. *Nada de distintos criterios.* Ten la misma consideración con tu cónyuge que con los extraños y con los compañeros de trabajo
3. *Cumple las peticiones.* Considera lo que tu esposo o esposa ya te ha pedido que hagas o que no hagas. Si tienes dudas, pregunta.

PÍDELE A TU CÓNYUGE QUE TE DIGA TRES
CUESTIONES QUE LE INCOMODAN O LE
IRRITAN DE TI. DEBES HACERLO SIN ATACAR
NI JUSTIFICAR TU CONDUCTA. SU PERSPECTIVA
ES LA IMPORTANTE EN ESTE CASO.

___ Haz una marca aquí cuando hayas
completado el desafío de hoy.

¿Qué cosas señaló tu cónyuge sobre ti que necesitan tu atención? ¿Cómo actuaste al escucharlas? ¿Qué planeas hacer para
mejorar esas áreas?

_____

_____

_____

_____

_____

_____

_____

_____

Llenas de gracia son las palabras de la boca del sabio. (Eclesiastés 10:12)

DÍA 6
El amor no se irrita

Mejor es el lento para la ira que el poderoso y el que domina su espíritu que el que toma una ciudad. Proverbios 16:32

El amor es tardo para ofenderse y rápido para perdonar. ¿Con cuánta facilidad te irritas y te ofendes? Algunas personas tienen el siguiente lema: «Nunca dejes pasar una oportunidad para enojarte con tu cónyuge». Cuando algo va mal, aprovechan la situación con rapidez y expresan lo heridos o frustrados que se encuentran. Sin embargo, esta reacción es opuesta al amor.

Ser *irritable* significa «estar cerca de la punta de un cuchillo». Es fácil pincharse. Las personas que son irritables están listas para reaccionar en forma exagerada.

Cuando se encuentra bajo presión, el amor no se pone agrio. Los problemas menores no producen grandes reacciones. El amor no se enoja ni se siente herido a menos que haya una razón legítima y justa a los ojos de Dios. Un esposo amoroso permanecerá tranquilo y paciente, demostrará misericordia y controlará su carácter. Una esposa amorosa no es demasiado sensible ni malhumorada sino que ejerce el dominio propio en el ámbito emocional. Elige ser la flor entre las espinas y responder bien en situaciones difíciles.

Si caminas bajo la influencia del amor, serás una fuente de gozo en lugar de molestia. Hazte esta pregunta: «¿Soy una brisa tranquilizadora o una tormenta inminente?»

¿Por qué las personas se vuelven irritables? Hay al menos dos razones clave que contribuyen:

El *estrés*. El estrés te agobia, agota tu energía, debilita tu salud y te invita a estar de mal humor. Puede producirse por causas *relacionales:* las discusiones, la división y la amargura. Hay causas *por exceso:* trabajar demasiado, exagerar y gastar demasiado. Además, hay *deficiencias:* no obtener suficiente descanso, nutrición o ejercicio. A menudo, nosotros mismos nos clavamos estos puñales y nos predisponen a estar irritables.

La vida es un maratón, no una carrera corta. Debes equilibrar, priorizar y controlarte. Muy a menudo, echamos la precaución por la borda y avanzamos a toda velocidad, según nos parece bien en el momento. Al poco tiempo, estamos jadeando, tensos y a punto de estallar. La presión creciente puede desgastar nuestra paciencia y nuestra relación.

La Biblia puede ayudarte a evitar el estrés poco saludable. Te enseña a dejar que el amor guíe tus relaciones para que no tengas discusiones innecesarias (Colosenses 3:12-14). Te enseña a orar en medio de la ansiedad en lugar de resolver las cosas a tu manera (Filipenses 4:6-7). Te enseña a delegar cuando estás agotado (Éxodo 18:17-23). Te enseña a evitar los abusos (Proverbios 25:16).

Además, te exhorta a que tomes un día sabático de reposo todas las semanas para adorar y descansar. Esto tiene la ventaja de darte tiempo para recargarte, volver a concentrarte y le añade un respiro o un margen a tu agenda semanal. Será como colocar almohadones entre tú y las presiones que te rodean, reduciendo el estrés que hace que estés con los pelos de punta cerca de tu pareja. Sin embargo, hay una razón más profunda por la cual puedes volverte irritable:

El egoísmo. Cuando estás irritable, el principal problema se encuentra en el corazón. Jesús dijo: «De la abundancia del corazón habla la boca» (Mateo 12:34, RVR1995). Algunas personas son como los limones: cuando la vida los exprime, su respuesta es ácida. Y otras se parecen más a los duraznos:

cuando hay presión, el resultado aún es dulce.

Enojarse con facilidad indica que hay un área escondida de egoísmo o inseguridad en donde se supone que debería reinar el amor. Además, el egoísmo se coloca muchas otras máscaras: La *lujuria*, por ejemplo, es resultado de ser desagradecido por lo que tienes y elegir codiciar algo prohibido o arder de pasión con ello. Cuando tu corazón es lujurioso, se frustrará y enojará con facilidad (Santiago 4:1-3). La *amargura* se arraiga cuando respondes de manera sentenciosa y te rehúsas a resolver tu enojo. El enojo sin resolver de una persona amargada se filtra cuando se la provoca (Efesios 4:31). La *codicia* de más dinero y posesiones hará que te frustres con deseos sin cumplir (1 Timoteo 6:9-10). Estos anhelos intensos, junto con la insatisfacción, te llevan a arremeter contra cualquiera que se interponga en tu camino. El *orgullo* hace que actúes con dureza para proteger tu ego y tu reputación.

Estas motivaciones nunca pueden satisfacerse, pero cuando el amor entra a tu corazón, te tranquiliza y te inspira a dejar de concentrarte en ti mismo, y a despojarte de las cosas innecesarias.

El amor te llevará a perdonar en lugar de guardar rencor, a ser agradecido en lugar de codicioso, a conformarte en lugar de meterte en más deudas. El amor te alienta a ser feliz cuando otra persona tiene éxito en lugar de no poder dormir de la envidia. El amor dice «comparte la herencia» en lugar de «pelea con tus parientes». Te recuerda que le des prioridad a la familia en vez de sacrificarlos por un ascenso en el trabajo. En última instancia, el amor disminuye tu estrés en cada decisión y te ayuda a despedir el veneno que puede generarse en el interior. Luego, te prepara el corazón para responder frente a tu cónyuge con paciencia y aliento en lugar de enojo y exasperación.

EL DESAFÍO DE HOY

FRENTE A LAS CIRCUNSTANCIAS DIFÍCILES EN TU MATRIMONIO DECIDE REACCIONAR CON AMOR EN LUGAR DE IRRITACIÓN. EN PRIMER LUGAR, REALIZA MÁS ABAJO UNA LISTA DE ÁREAS EN LAS QUE NECESITES AÑADIR UN MARGEN EN TU AGENDA. LUEGO, ENUMERA CUALQUIER MOTIVACIÓN EQUIVOCADA QUE DEBAS ELIMINAR DE TU VIDA.

___ Haz una marca aquí cuando hayas completado el desafío de hoy.

¿En dónde necesitas añadir un margen en tu vida? ¿Cuándo reaccionaste en forma exagerada últimamente? ¿Cuál fue tu verdadera motivación subyacente? ¿Qué decisiones tomaste hoy?

_____

_____

_____

_____

_____

_____

_____

_Me esfuerzo por conservar siempre una conciencia irreprensible
delante de Dios y delante de los hombres._ (Hechos 24:16)

DÍA 7
El amor cree lo mejor

[El amor] todo lo cree, todo lo espera. 1 Corintios 13:7

En los pasillos profundos y privados de tu corazón, hay una habitación. Se llama la «habitación del reconocimiento». Allí van tus pensamientos cuando encuentras cosas positivas y alentadoras sobre tu cónyuge. Y de vez en cuando, te gusta visitar este lugar especial.

En las paredes, hay palabras y frases amables que describen los buenos atributos de tu pareja. Entre ellos, puede haber características como «sincero» e «inteligente», o frases como «trabajador diligente», «excelente cocinero» o «hermosos ojos». Son cualidades que has descubierto con respecto a tu esposo o esposa, que se han grabado en tu memoria. Cuando piensas en ellas, el aprecio que tienes por tu cónyuge comienza a aumentar. En realidad, cuanto más meditas en estos atributos positivos, más agradecido te sientes por él.

Es probable que la mayoría de las cosas de la habitación del reconocimiento se hayan escrito en las primeras etapas de tu relación. Podrías resumirlas como las cuestiones que te gustaban y que respetabas de tu amado. Eran reales, honorables y buenas. Y pasabas mucho tiempo en esta habitación pensando en ellas... antes de casarte. Sin embargo, quizá te des cuenta de que ya no visitas este cuarto especial con la misma frecuencia que antes. Esto se debe a que hay otra habitación cercana que compite con él.

Al final de otro pasillo oscuro de tu corazón se encuentra la «habitación del menosprecio», y por desgracia, también vas de visita allí.

En sus paredes está escrito todo lo que te molesta y te irrita de tu cónyuge. Esto llegó allí por frustración, sentimientos heridos y desilusión de las expectativas sin cumplir.

La habitación está cubierta de las debilidades y los fracasos de tu esposo o esposa. Sus malos hábitos, sus palabras hirientes y las malas decisiones están escritas con letras grandes que cubren la habitación de pared a pared. Si permaneces lo suficiente en esta habitación, te deprimes y comienzas a expresar frases como: «Mi esposa es sumamente egoísta» o «Mi esposo puede comportarse como un idiota». O quizá: «Creo que me casé con la persona equivocada».

Algunas personas escriben frases cargadas de odio en esta habitación, en donde se ensayan los reproches para la próxima discusión. En este lugar, las heridas emocionales se infectan y añaden más comentarios mordaces a las paredes. Aquí se guardan las municiones para la próxima gran pelea, y la amargura se propaga como una enfermedad. Las personas se desenamoran en este lugar.

Debes saber lo siguiente: Pasar tiempo en la habitación del menosprecio arruina los matrimonios. Allí se planean los divorcios y se preparan planes violentos. Cuanto más tiempo pasas en este lugar, tu corazón más deprecia a tu cónyuge. Esto comienza apenas entras, y el cariño por tu pareja disminuye con cada segundo que pasa.

Tal vez, digas: «¡Pero estas cuestiones son *reales*!» Es cierto, pero también lo son las que se encuentran en la habitación del reconocimiento. Todo el mundo fracasa y tiene áreas que necesitan crecimiento. Todos tienen asuntos sin resolver, heridas y un bagaje personal. Es un aspecto triste del ser humano. Todos hemos pecado; pero tenemos la tendencia lamentable de minimizar nuestros propios atributos negativos mientras que colocamos bajo la lupa las fallas de nuestra pareja.

Vayamos a la verdadera cuestión. El amor conoce la habitación del menosprecio y no niega que existe. Sin embargo, elige no vivir en ella.

Debes tomar la determinación de dejar de correr a esta habitación y pasar tiempo allí luego de cada incidente frustrante en tu relación. No te hace bien y consume la alegría de tu matrimonio.

El amor decide creer lo mejor de las personas. Les da el beneficio de la duda. Se niega a completar lo que no sabe con suposiciones negativas. Y cuando nuestros mayores temores prueban ser verdad, el amor hace todo lo posible por enfrentarlos y seguir adelante. El amor se concentra en las cosas positivas lo más que puede.

Es hora de comenzar a pensar de otra manera, de dejar que el amor guíe tus pensamientos. La única razón por la que deberías echar un vistazo a la habitación del menosprecio es para saber cómo orar por tu cónyuge. Y la única razón por la cual deberías entrar en esta habitación es para escribir «CUBIERTO POR AMOR» con letras inmensas en las paredes.

Es hora de que pases a la habitación del reconocimiento, te instales y la transformes en tu hogar. Cuando elijas meditar en todo lo positivo, descubrirás que se podrían escribir muchas más cualidades maravillosas de carácter en estas paredes. Tu cónyuge es un libro vivo que puedes leer y leer. Hay sueños y esperanzas por cumplir. Hay talentos y habilidades que pueden ser descubiertas, como un tesoro escondido. Sin embargo, la elección de explorarlas comienza con una decisión de tu parte.

Debes desarrollar el hábito de frenar tus pensamientos negativos y concentrarte en los atributos positivos de tu pareja. Es un paso crucial en el aprendizaje para guiar tu corazón a amar de verdad a tu cónyuge. Es una decisión que debes tomar, ya sea que tu cónyuge lo merezca o no.

EL DESAFÍO DE HOY

BUSCA DOS HOJAS DE PAPEL. EN LA PRIMERA, DEDICA ALGUNOS MINUTOS PARA ESCRIBIR CUALIDADES POSITIVAS DE TU CÓNYUGE. LUEGO, HAZ LO MISMO CON LOS ASPECTOS NEGATIVOS EN LA SEGUNDA HOJA. COLOCA LAS DOS HOJAS EN UN LUGAR SECRETO PARA OTRO DÍA. HAY UN PROPÓSITO Y UN PLAN DISTINTO PARA CADA UNA. EN ALGÚN MOMENTO DURANTE EL RESTO DEL DÍA, ELIGE UN ATRIBUTO POSITIVO DE LA PRIMERA LISTA Y DALE GRACIAS A TU CÓNYUGE POR ESA CARACTERÍSTICA.

___ Haz una marca aquí cuando hayas completado el desafío de hoy.

¿Cuál lista te resultó más fácil hacer? ¿Qué reveló sobre tus pensamientos? ¿Por qué atributo le diste gracias a tu cónyuge?

_____

_____

_____

_____

_____

_____

Si algo digno de alabanza, en esto pensad. (Filipenses 4:8, RVR1995)

DÍA 8
El amor no es celoso

Fuerte como la muerte es el amor, inexorables como el Seol, los celos;
sus destellos, destellos de fuego. Cantar de los Cantares 8:6

Los celos son uno de los impulsos más fuertes que el
hombre conoce. La raíz de «celos» proviene del latín, *zélus*, que
significa «arder con un fuego intenso». Las Escrituras dicen
con claridad: «Cruel es el furor e inundación la ira; pero ¿quién
se mantendrá ante los celos?» (Proverbios 27:4).

De hecho, existen dos formas: los celos *legítimos*, que tienen
su fundamento en el amor, y los celos *ilegítimos*, que tienen su
fundamento en la envidia. Los celos legítimos se despiertan
cuando alguien a quien amas y que te pertenece aleja su
corazón y te reemplaza con otra persona. Si una esposa tiene
una aventura amorosa y se entrega a otra persona, su esposo
puede tener un enojo celoso justificado debido a su amor por
ella. Anhela volver a tener lo que le pertenece por derecho.

La Biblia dice que Dios tiene esta clase de celo justo por
su pueblo. No es que tenga envidia *de* nosotros y que quiera
lo que tenemos (porque ya es el dueño de todo). Él nos *anhela*
profundamente y desea ser nuestro primer amor. No quiere
que dejemos que nada sea más importante que Él en nuestro
corazón. La Biblia nos advierte que no adoremos a nada más
que a Él porque «el Señor vuestro Dios es fuego consumidor,
un Dios celoso» (Deuteronomio 4:24).

Ahora bien, nos concentraremos en la clase ilegítima de
celos que se opone al amor: la que se arraiga en el egoísmo. Se
trata de estar celoso *de* alguien, estar motivado por la
envidia.

¿Te cuesta no tener celos de los demás? Tu amiga es más popular, así que sientes odio hacia ella. Tu compañero de trabajo obtiene el ascenso, y no puedes dormir esa noche. Quizá no haya hecho nada malo, pero te amargas debido a su éxito. Se dice que a las personas no les molesta que tengas éxito, mientras que no sea mayor que el de ellas.

Los celos son una lucha común. Se disparan cuando otra persona te eclipsa y obtiene algo que tú quieres. Esto puede ser sumamente doloroso, según tu nivel de egoísmo. En lugar de felicitar a la otra persona, estás que echas chispas y piensas mal de ella. Si no tienes cuidado, los celos se meten como una víbora en tu corazón y atacan tus motivaciones y relaciones. Pueden envenenarte y evitar que tengas la vida de amor que Dios diseñó para ti.

Si no disipas tu enojo aprendiendo a amar a los demás quizá, con el tiempo, comiences a conspirar contra ellos. La Biblia dice que la envidia lleva a las peleas, a las riñas y a toda cosa mala (Santiago 3:16,4:1-2).

En las Escrituras, podemos observar una sucesión de celos violentos. Provocaron el primer asesinato cuando Caín despreció la aprobación de Dios a la ofrenda de su hermano. Sara despidió a su sierva Agar porque podía tener hijos y ella no. Los hermanos de José se dieron cuenta de que era el preferido de su padre, así que lo arrojaron a un pozo y lo vendieron como esclavo. Jesús era más amoroso, poderoso y popular que los sumos sacerdotes así que, por envidia, tramaron traicionarlo y crucificarlo.

En general, los extraños no te producen celos. Más que nada, te sientes tentado a tener celos de los que están en el mismo ámbito que tú. Trabajan en tu oficina, están en tu equipo, se mueven en tu círculo... o viven en tu casa. Sí, si no tienes cuidado, los celos también pueden infectar tu matrimonio.

Cuando te casaste, se te asignó la tarea de transformarte en el mayor animador de tu cónyuge y en el capitán de su club de admiradores. Los dos se transformaron en uno y tienen que participar del placer del otro. No obstante, si reinan los celos, cualquier cosa buena que le suceda a solo uno de ustedes puede ser un catalizador de envidia en lugar de felicitaciones.

Quizá él disfrute de jugar al golf durante el fin de semana mientras que ella se queda en casa limpiando. Le cuenta a su esposa que disparó las bolas con mucha precisión y ella tiene ganas de dispararle *a él*.

O quizá, a ella la invitan constantemente a salir con amigas mientras que el esposo se queda en casa con el perro. Si no tiene cuidado, él puede tener celos de la popularidad de su esposa.

Como el amor no es egoísta y coloca a los demás en primer lugar, no deja que entren los celos. El amor te lleva a celebrar los éxitos de tu cónyuge en lugar de sentirte contrariado por ellos. A un esposo amoroso no le molesta que su esposa sea mejor en algo, que se divierta más o que reciba más elogios. Percibe que lo completa, no que compite con él.

Cuando él recibe elogios, le agradece a su esposa en forma pública por su apoyo al ayudarlo a obtener su propio éxito. Se niega a alardear de manera que su esposa no se ofenda. Una esposa amorosa será la primera en alentar a su esposo cuando tenga éxito. No compara su propia debilidad con los puntos fuertes de él. Celebra en lugar de tener lástima de sí misma.

Es hora de dejar que el amor, la humildad y la gratitud destruyan todo celo que surja en tu corazón. Es hora de permitir que los logros de tu pareja los unan y les den mayores oportunidades para demostrar el amor genuino.

EL DESAFÍO DE HOY

DECIDE TRANSFORMARTE EN EL MAYOR
ADMIRADOR DE TU CÓNYUGE Y RECHAZAR
CUALQUIER PENSAMIENTO DE CELOS.
COMO AYUDA PARA QUE TU CORAZÓN SE
INCLINE A TU CÓNYUGE Y PUEDAS
CONCENTRARTE EN SUS LOGROS, TOMA LA
LISTA DE ATRIBUTOS NEGATIVOS QUE HICISTE
AYER Y QUÉMALA CON DISCRECIÓN. LUEGO,
DILE A TU CÓNYUGE CUÁNTO TE ALEGRA ALGO
QUE HAYA LOGRADO HACE POCO.

___ Haz una marca aquí cuando hayas
completado el desafío de hoy.

¿Te resultó muy difícil destruir la lista? ¿Qué experiencias
positivas puedes celebrar de la vida de tu cónyuge? ¿Cómo
puedes alentarlo para que tenga éxito en el futuro?

_____

_____

_____

_____

_____

Gozaos con los que se gozan y llorad con los que lloran. (Romanos 12:15)

DÍA 9
El amor causa una buena impresión

Saludaos unos a otros con un beso de amor. 1 Pedro 5:14

Hasta ahora, has tratado muchos temas importantes en esta travesía. Aprender a demostrar aspectos del amor como la paciencia, la bondad y el aliento no siempre es fácil pero sin duda es fundamental para una relación saludable. Así que quizá parezca intrascendente hablar sobre la manera en que saludas a tu cónyuge todos los días, pero esta pequeña cuestión tiene una importancia sorprendente.

La manera en que una pareja se saluda dice mucho de su relación. Se puede ver en la expresión, el semblante y en la manera en que se hablan. El contacto físico lo hace aun más evidente. ¿Pero cuánta importancia deberías darle a un saludo?

La Biblia tiene para decir sobre los saludos más de lo que quizá supongas. El apóstol Pablo se tomó tiempo para alentar a sus lectores a saludarse con calidez cuando se encontraran. Es más, cerca del final de su carta a los romanos, les pidió a los creyentes que saludaran de su parte a 27 de sus amigos y seres queridos. Incluso se tomó el tiempo para enumerarlos por su nombre.

Sin embargo, no se trata solo de tus amigos. Jesús observó en el Sermón del Monte que aun los paganos les hablan con amabilidad a las personas que quieren. Eso es sencillo para cualquiera. Sin embargo, Jesús fue más allá y dijo que para ser piadoso, también había que ser lo suficientemente humilde y misericordioso como para tratar con bondad a los enemigos.

Esto plantea una pregunta interesante. ¿Cómo saludas a tus amigos, a tus compañeros de trabajo y a tus vecinos? ¿Y a tus conocidos y a los que encuentras en público?

Quizá te encuentras con alguien que no te agrada demasiado, pero lo saludas por cortesía. Así que si eres tan agradable y educado con las demás personas, ¿no se merece tu cónyuge lo mismo? ¿Diez veces más?

Es probable que no pienses en esto muy a menudo: en lo primero que le dices a tu pareja al despertar por la mañana, en la expresión de tu rostro cuando entras al auto, en la energía de tu voz cuando hablas por teléfono; pero aquí tienes otra cuestión que probablemente no te detengas a considerar: lo distinto que sería el día de tu cónyuge si expresaras con todo tu ser lo feliz que estás de verlo.

Cuando alguien comunica que está feliz de verte, aumenta tu autoestima. Te sientes importante y valorado porque un buen saludo crea un marco para una interacción positiva y saludable. Al igual que el amor, te impulsa a seguir adelante.

Recuerda la historia del hijo pródigo que contó Jesús. Este joven rebelde exigió el dinero de su herencia y lo malgastó en un estilo de vida insensato; pero pronto, sus malas decisiones lo alcanzaron y llegó a comer las sobras de una pocilga. Humillado y avergonzado, ensayó sus disculpas e intentó pensar en la mejor manera de volver a su casa y enfrentar a su padre. Sin embargo, no lo recibieron como esperaba. «Y cuando todavía estaba lejos, su padre lo vio y sintió compasión por él, y corrió, se echó sobre su cuello y lo besó» (Lucas 15:20).

De todas las posibles situaciones que este joven había imaginado, es probable que esta haya sido la última que esperaba. ¿Cómo crees que se sintió al recibir el abrazo de su padre y escuchar su tono agradecido? Sin duda, se sintió amado y apreciado una vez más. ¿Cuál crees que fue el resultado en la relación entre ellos?

¿Qué clase de saludos harían que tu pareja se sintiera de esa manera? ¿Cómo podrías despertar sus distintos sentidos con una simple palabra, un toque o un tono de voz? Un saludo amoroso puede bendecir a tu cónyuge por medio de lo que ve, escucha y siente.

Piensa en las oportunidades que tienen de saludarse regularmente. Cuando llegas a casa. Cuando se encuentran a almorzar. Cuando se dan las buenas noches. Cuando hablan por teléfono.

No es necesario que seas siempre audaz y espectacular; pero añadir calidez y entusiasmo al trato te da la oportunidad de tocar el corazón de tu pareja de maneras sutiles y tácitas.

Piensa en tu forma de saludar. ¿La usas bien? ¿Tu cónyuge se siente valorado y apreciado? ¿Se siente amado? Aun si no se están llevando muy bien, puedes disminuir la tensión y otorgarle valor por tu modo en que lo saludas.

Recuerda, el amor es una decisión. Así que decide cambiar tu forma de saludar. Elige amar.

EL DESAFÍO DE HOY

PIENSA UNA MANERA ESPECÍFICA EN LA QUE TE GUSTARÍA SALUDAR HOY A TU CÓNYUGE. HAZLO CON UNA SONRISA Y CON ENTUSIASMO. LUEGO, DECIDE CAMBIAR TU FORMA DE SALUDAR PARA REFLEJAR TU AMOR POR ÉL.

___ Haz una marca aquí cuando hayas completado el desafío de hoy.

¿Cuándo y en dónde elegiste llevar a cabo tu saludo especial? ¿Cómo cambiarás tu forma de saludar de ahora en adelante?

_____

_____

_____

_____

_____

_____

_____

_____

Pues he llegado a tener mucho gozo y consuelo en tu amor. (Filemón 7)

Día 10
El amor es incondicional

Dios demuestra su amor para con nosotros, en que siendo aún
pecadores, Cristo murió por nosotros. Romanos 5:8

Si alguien te preguntara: «¿Por qué amas a tu esposa?» o
«¿Por qué amas a tu esposo?», ¿qué dirías?

La mayoría de los hombres mencionarían la belleza de su
esposa, su sentido del humor, su bondad, su fortaleza interna.
Quizá, hablarían de su capacidad para cocinar, su don para
decorar o de lo buena madre que es.

Probablemente, las mujeres dirían algo sobre lo atractivo
que es su esposo o sobre su personalidad. Lo elogiarían por su
firmeza y por su carácter estable. Dirían que lo aman porque
siempre está allí cuando lo necesitan. Es generoso. Es servicial.

¿Pero qué sucedería si con el correr de los años, tu
cónyuge dejara de ser todas estas cosas? ¿Seguirías amándolo?
En función de lo que contestaste antes, la única respuesta
lógica sería «no». Si todas las razones por las que amas a tu
cónyuge tienen que ver con sus cualidades (y luego esas
mismas cualidades desaparecen de repente o con el tiempo) el
fundamento de tu amor se esfuma.

El amor sólo puede durar toda la vida si es incondicional.
La verdad es la siguiente: al amor no lo define la persona *amada*
sino la que *decide* amar.

La Biblia se refiere a esta clase de amor con el uso de la
palabra griega *ágape*.

Es distinto de las otras clases de amor: *fileos* (la amistad)
y *eros* (el amor sexual). Por supuesto, tanto la amistad
como el sexo ocupan un lugar importante

en el matrimonio y forman una parte esencial del hogar que construyen juntos como esposo y esposa. No obstante, si tu matrimonio depende por completo de tener intereses en común o de disfrutar de una vida sexual saludable, los cimientos de tu relación son inestables.

El *fileos* y el *eros* son más receptivos por naturaleza y pueden fluctuar según los sentimientos. Por otro lado, el amor *ágape* es desinteresado e incondicional. Así que a menos que esta clase de amor constituya el cimiento de tu matrimonio, el desgaste del tiempo lo destruirá. El amor *ágape* es un amor que se manifiesta «en la salud y la enfermedad», «en la prosperidad y en la adversidad», en buenos y malos momentos. Es la única clase de amor *verdadero*.

Esto se debe a que es la clase de amor que Dios tiene. No nos ama porque lo merezcamos sino porque Él es amoroso. La Biblia dice: «En esto consiste el amor: no en que nosotros hayamos amado a Dios, sino en que Él nos amó a nosotros y envió a su Hijo como propiciación por nuestros pecados» (1 Juan 4:10). Si Él quisiera que probáramos ser dignos de su amor, fracasaríamos de manera lamentable. Sin embargo, el amor de Dios es una elección que toma por su cuenta. Es algo que recibimos de su parte y que luego transmitimos a los demás. «Nosotros amamos, porque Él nos amó primero» (1 Juan 4:19).

Si un hombre le dice a su esposa: «Ya no estoy enamorado de ti», lo que en realidad está diciendo es: «Para empezar, nunca te amé en forma incondicional». Su amor se apoyaba en sentimientos o circunstancias en lugar del compromiso. Es el resultado de edificar un matrimonio sobre el amor *fileos* o *eros*. Los cimientos deben ser más profundos que una simple amistad o la atracción sexual. El amor incondicional, el amor *ágape*, no oscilará con el tiempo ni las circunstancias.

Sin embargo, no quiere decir que el amor que haya

comenzado por razones erróneas no pueda ser restaurado y redimido. Es más, cuando reconstruyes tu matrimonio con el *ágape* como fundamento, los aspectos de amistad y romance de tu amor se vuelven aun más atractivos que nunca. Cuando el disfrute mutuo como mejores amigos y amantes tiene su fundamento en un compromiso inquebrantable, experimentas una intimidad que no puede lograrse de ninguna otra manera.

No obstante, a menos que le permitas a Dios que comience a cultivar este tipo de amor dentro de ti, lucharás y no lograrás alcanzar esta clase de matrimonio. El amor que «todo lo sufre, todo lo cree, todo lo espera, todo lo soporta» (1 Corintios 13:7) no surge en nuestro interior. Sólo puede venir de Dios.

Las Escrituras dicen que «ni la muerte, ni la vida, ni ángeles, ni principados, ni lo presente, ni lo por venir, ni los poderes, ni lo alto, ni lo profundo, ni ninguna otra cosa creada nos podrá separar del amor de Dios que es en Cristo Jesús Señor nuestro» (Romanos 8:38-39). Es la clase de amor que Dios tiene. Y por fortuna (si quieres) puede transformarse en *tu* clase de amor; pero primero, debes recibirlo y transmitirlo.

Y cuando tu cónyuge comience a vivir cómodamente bajo su sombra, no debes sorprenderte si amarlo te resulta más fácil que antes. Ya no dirás: «Te amo porque...» Ahora, dirás: «Te amo y punto».

EL DESAFÍO DE HOY

Haz algo fuera de lo común por tu cónyuge: algo que pruebe (tanto a ti como a él) que tu amor tiene su fundamento en tu decisión y en nada más. Lava su automóvil. limpia la cocina. Compra su postre favorito. dobla la ropa lavada. Demuéstrale amor por la pura satisfacción de ser su compañero en el matrimonio.

___ Haz una marca aquí cuando hayas completado el desafío de hoy.

En el pasado, ¿tu amor ha estado basado en los atributos y en la conducta de tu cónyuge o en tu compromiso? ¿Cómo puedes seguir demostrando amor cuando no es recíproco como esperabas?

_____

_____

_____

_____

_____

_____

_____

_____

Al que confía en el Señor, la misericordia lo rodeará. (Salmo 32:10)

DÍA 11
El amor valora

Así también deben amar los maridos a sus mujeres,
como a sus propios cuerpos. Efesios 5:28

Considera estas dos situaciones.

Un hombre posee un auto viejo que comienza a tener problemas serios, así que lo lleva al mecánico. Luego de una evaluación, le dicen que necesitará una puesta a punto completa, lo cual es demasiado para su presupuesto limitado. Debido a las costosas reparaciones, el hombre decide deshacerse del auto y gastar su dinero en un nuevo vehículo. Parece razonable, ¿no es así?

Otro hombre, un ingeniero, tiene un accidente y una máquina le aplasta la mano. Corre al hospital, le sacan una radiografía y descubre que se le han roto varios huesos. Aunque se siente frustrado y dolorido, usa de buena gana sus ahorros para que lo traten, le coloquen un yeso y luego, con esmero cuida la mano durante los meses siguientes hasta que se restaura. Es probable que esto también te parezca razonable.

El problema en nuestra cultura es que al matrimonio a menudo se lo trata como en la primera situación. Cuando hay problemas de relación, te animan a cambiar a tu cónyuge por un «modelo más nuevo». Sin embargo, los que tienen esta visión no comprenden el lazo importante que existe entre el esposo y la esposa. La verdad es que el matrimonio se parece más a la segunda situación. Forman parte el uno del otro. Si te lastimaras la mano, nunca te la cortarías, sino que pagarías todo lo que estuviera a tu alcance para obtener el mejor tratamiento médico posible porque tu mano es invalorable para ti. Es parte de ti.

Tu pareja también. El matrimonio es un misterio hermoso creado por Dios, en el que se unen dos vidas en una. No solo sucede a nivel físico sino también a nivel espiritual y emocional. Comienzan compartiendo la misma casa, la misma cama y el mismo apellido. Su identidad como individuos se une. Cuando tu cónyuge atraviesa una tragedia, los dos la sienten. Cuando tienes éxito en tu trabajo, los dos se alegran; pero en algún momento del camino, te desilusionas y se instala la realidad aleccionadora de que te casaste con una persona imperfecta.

Sin embargo, tu cónyuge sigue formando parte de ti y esto no cambia. Efesios 5:28-29 dice: «Así también deben amar los maridos a sus mujeres, como a sus propios cuerpos. El que ama a su mujer, a sí mismo se ama. Porque nadie aborreció jamás su propio cuerpo, sino que lo sustenta y lo cuida».

Este versículo les habla a los esposos, pero fíjate cómo se describe a cada miembro. Se considera a los dos como la misma carne. Debes tratar a tu cónyuge con el mismo cuidado y amor con el que te tratas a ti mismo. Cuando le demuestras amor a tu cónyuge, también te demuestras amor a ti mismo.

Sin embargo, esta moneda tiene dos caras. Cuando maltratas a tu pareja, también te maltratas a ti mismo. Piénsalo. Ahora, sus vidas están entretejidas. Tu cónyuge no puede experimentar alegría o dolor, bendición o maldición sin que también te afecte. Así que cuando atacas a tu pareja, es como atacar a tu propio cuerpo.

Es hora de permitir que el amor cambie tu forma de pensar. Es hora de entender que tu cónyuge forma parte de ti de la misma manera que tu mano, tu ojo o tu corazón. Tu esposa también necesita que la amen y la valoren. Y si hay algo que le cause dolor o frustración, deberías preocuparte por estas cosas con el mismo amor y cuidado con el que tratarías una herida del cuerpo. Si tu esposo tiene alguna herida, deberías considerarte un instrumento que ayude a traer sanidad a su vida.

Con esta perspectiva, reflexiona en cómo tratas el cuerpo físico de tu cónyuge. ¿Lo valoras como el tuyo? ¿Lo tratas con respeto y ternura? ¿Te deleitas en tu cónyuge tal cual es? ¿O acaso lo haces sentir tonto y avergonzado? De la misma manera en la que atesoras tus ojos, tus manos y tus pies, deberías atesorar a tu cónyuge como un regalo invalorable.

No dejes que la cultura que te rodea determine el valor de tu matrimonio. Compararlo con algo que puede descartarse o reemplazarse es deshonrar el propósito de Dios para el matrimonio. Sería como amputarse un miembro. En cambio, debería ser una imagen de amor entre dos personas imperfectas que eligen amarse mutuamente sin importar lo que suceda.

Cada vez que un hombre mira a su esposa a los ojos, debería recordar que el que ama a su esposa se ama a sí mismo. Y la mujer debería recordar que cuando ama a su esposo, también se da amor y honra a sí misma.

Cuando miras a tu cónyuge, lo que ves es parte de *ti*. Así que trátalo bien. Habla bien de él. Aprecia y valora al amor de tu vida.

¿QUÉ NECESIDAD DE TU CÓNYUGE PODRÍAS SATISFACER HOY? ¿PUEDES HACER UN RECADO? ¿QUIZÁ DARLE UN MASAJE EN LA ESPALDA O EN LOS PIES? ¿PODRÍAS AYUDAR CON LAS TAREAS DE LA CASA? ELIGE UN GESTO QUE DIGA: «TE VALORO» Y HAZLO CON UNA SONRISA.

___ Haz una marca aquí cuando hayas completado el desafío de hoy.

¿Qué elegiste para demostrar que valoras a tu pareja? ¿Qué aprendiste de esta experiencia?

_____

_____

_____

_____

_____

_____

_____

_____

_____

_____

Y dirigiéndose a él, Jesús le dijo: ¿Qué deseas que haga por ti? (Marcos 10:51)

DÍA 12
El amor deja que el otro gane

No buscando cada uno sus propios intereses,
sino más bien los intereses de los demás. Filipenses 2:4

Si te pidieran que nombraras tres áreas en las que tú y tu
cónyuge no concuerdan, es probable que pudieras hacerlo
sin pensar demasiado. Quizá, hasta podrías confeccionar una
lista de las diez cuestiones más importantes si te dieran unos
minutos más. Y lamentablemente, a menos que alguien en
tu hogar comience a ceder un poco, estos mismos problemas
seguirán surgiendo entre tú y tu pareja.

Por desgracia, la obstinación viene en todos los modelos
de esposos y esposas. Defender tus derechos y tus opiniones
es una parte esencial de tu naturaleza y tu modo de ser. Sin
embargo, es perjudicial dentro de una relación matrimonial y
quita tiempo y productividad. Además, puede generar una gran
frustración a los dos.

En realidad, ser obstinado no siempre es malo. Vale la pena
defender y proteger algunos asuntos. Nuestras prioridades,
nuestros valores morales y la obediencia a Dios deberían
protegerse con gran esfuerzo. Sin embargo, demasiadas veces
discutimos por temas insignificantes, como el color de la
pintura para la pared o la elección de restaurantes.

Por supuesto, otras veces lo que está en juego es mucho
mayor. Uno de ustedes quiere más hijos; el otro no. Uno quiere
irse de vacaciones con la familia extendida; el otro no. Uno cree
que es hora de buscar ayuda profesional para el matrimonio o
de participar más en una iglesia, y el otro no.

Aunque quizá estas cuestiones no

afloren todos los días, vuelven a salir a la superficie y no terminan de desaparecer. Parece que nunca te acercaras a una solución o a un acuerdo. Cada vez son más intransigentes.

Solo hay una manera de salir de puntos muertos como estos, y es encontrar una palabra que sea lo opuesto de la *obstinación*, una palabra que encontramos antes cuando hablábamos sobre la amabilidad. Esa palabra es «disposición». Se trata de una actitud y un espíritu de cooperación que deberían impregnar nuestras conversaciones. Se parece a una palmera junto al océano, que soporta los vientos más fuertes porque sabe cómo doblarse con gracia. Y el mejor ejemplo es Jesucristo, como se lo describe en Filipenses 2. Sigue la evolución de su amor desinteresado...

Como Dios, tenía todo el derecho de negarse a transformarse en hombre pero cedió y lo hizo... porque estaba dispuesto. Tenía derecho a que toda la humanidad lo sirviera pero en cambio, vino a servirnos. Tenía derecho a vivir en paz y seguridad, pero voluntariamente entregó su vida por nuestros pecados. Incluso accedió a soportar la tortura penosa de la cruz. Amó, cooperó y estuvo dispuesto a hacer la voluntad de su Padre en vez de la suya.

En vistas de este testimonio increíble, la Biblia nos instruye con una frase que resume todo: «Haya, pues, en vosotros esta actitud que hubo también en Cristo Jesús» (Filipenses 2:5): la actitud de la disposición, la flexibilidad y la sumisión humilde. Significa entregar por el bien de los demás lo que tienes derecho a reclamar para ti mismo.

Lo único que se necesita para que sus peleas actuales continúen es que permanezcan atrincherados e inflexibles; pero cuando uno de ustedes dice: «Estoy dispuesto a hacer las cosas a tu manera en esto», la discusión se termina de inmediato. Y aunque llevarlo a cabo quizá te cueste algo de orgullo e incomodidad, has hecho una inversión amorosa y duradera en tu matrimonio.

«Bueno, pero quedaré como un tonto. Perderé la batalla. Perderé el control.» Ya has quedado como un tonto al ser cabeza dura y negarte a escuchar. Ya perdiste la batalla dándole más importancia al problema que a tu matrimonio y a la valía de tu cónyuge. Quizá ya hayas perdido el control emocional diciéndole cosas hirientes que afectan el plano personal.

La manera sabia y amorosa de actuar es comenzar por abordar los desacuerdos con la disposición de no insistir en que las cosas se hagan siempre a tu manera. No quiere decir que tu cónyuge siempre tenga la razón o sea el que más sabe del tema, sino que eliges considerar seriamente su preferencia como una forma de valorarlo.

El mejor consejo del amor viene de la Biblia, que dice: «La sabiduría que es de lo alto es primeramente pura, después pacífica, amable, benigna» (Santiago 3:17 RVR1995). En lugar de tratar a tu cónyuge como a un enemigo o como alguien de quien protegerse, comienza tratándolo como a tu amigo más íntimo y honrado. Dale valor a sus palabras.

No, no siempre estarán de acuerdo. No tienen por qué ser un calco el uno del otro. Si lo fueran, uno de los dos sería innecesario. Dos personas que siempre comparten las mismas opiniones y perspectivas carecen de equilibrio y de sazón que enriquecen la relación. En cambio, las diferencias entre ustedes están para que se escuchen y aprendan el uno del otro.

¿Estás dispuesto a ser flexible para demostrarle amor a tu cónyuge? ¿O no quieres ceder debido al orgullo? Si a la larga eso no importa (en especial, en la eternidad), entonces deja de lado tus derechos y decide honrar a la persona que amas. Será bueno tanto para ti como para tu matrimonio.

EL DESAFÍO DE HOY

DEMUESTRA AMOR AL DECIDIR DE BUEN GRADO CEDER EN UN ÁREA DE DESACUERDO ENTRE TÚ Y TU CÓNYUGE. DILE QUE PONDRÁS PRIMERO SUS PREFERENCIAS.

___ Haz una marca aquí cuando hayas completado el desafío de hoy.

¿Qué cuestión elegiste? ¿Qué tuviste que entregar al ceder? ¿Cómo te ayudará esto en el futuro?

_____

_____

_____

_____

_____

_____

_____

_____

_____

_____

_____

_____

_____

_____

_____

_____

_____

_____

_____

_____

_____

_____

_____

_____

_____

_____

_____

_____

_____

_____

_____

Si es posible, en cuanto de vosotros dependa, estad en paz con todos los hombres. (Romanos 12:18)

DÍA 13
El amor pelea limpio

Si una casa está dividida contra sí misma,
esa casa no podrá permanecer. Marcos 3:25

Te guste o no, el conflicto en el matrimonio es sencillamente inevitable. Cuando se casaron, no solo unieron sus esperanzas y sus sueños sino también sus heridas, sus temores, sus imperfecciones y su bagaje emocional. Desde que desempacaron luego de la luna de miel, comenzaron el verdadero proceso de «desempacarse» mutuamente y de hacer el desagradable descubrimiento de cuán pecadores y egoístas pueden ser.

En poco tiempo, tu pareja comenzó a deslizarse de tu elevado pedestal y tú del suyo. La intimidad forzosa del matrimonio comenzó a despojarte de tu fachada pública y a exponer tus problemas privados y tus hábitos secretos. Bienvenido a la humanidad caída.

Al mismo tiempo, las tormentas de la vida comenzaron a probar y revelar de qué estabas hecho en verdad. Las demandas laborales, los problemas de salud, las discusiones con los suegros y las necesidades financieras estallaron con distinta intensidad, añadiendo presión y calor a la relación. Esto crea un marco para que aparezcan desacuerdos entre ustedes dos. Discutieron y pelearon. Se hirieron. Experimentaron conflictos. Tienen que saber que no están solos.

Todas las parejas atraviesan lo mismo. Es lo habitual. Sin embargo, no todas lo superan.

Así que no creas que poner en práctica el desafío de hoy alejará todos los conflictos de tu matrimonio. En cambio, se trata de abordar el problema de una manera tal que cuando lo atraviesen, su relación se vea enriquecida.

Los dos. Juntos.

Es probable que el daño más profundo y desgarrador que puedas hacerle (o que le hayas hecho) a tu matrimonio ocurra en pleno conflicto, porque es el momento en el cual tu orgullo es más fuerte. Estás más enojado que nunca. Eres más egoísta y sentencioso que nunca. Tus palabras contienen más veneno que nunca. Tomas las peores decisiones. Si el conflicto desenfrenado toma el control y ninguno de los dos pone el pie en el freno, un matrimonio puede estar bien el lunes y comenzar a venirse abajo el martes.

Sin embargo, el amor interviene y cambia las cosas. Te recuerda que tu matrimonio es demasiado valioso como para permitir que se autodestruya, y que el amor por tu cónyuge es más importante que cualquier asunto por el que estén peleando. El amor te ayuda a instalar *airbags* y montar barreras de protección en tu relación. Te recuerda que en verdad se puede revertir el conflicto para siempre. Las parejas casadas que aprenden a resolver sus diferencias suelen tener más unidad, más confianza, más intimidad y luego pueden disfrutar de una conexión mucho más profunda.

Pero, ¿cómo? La manera más sabia es aprender a pelear limpio, estableciendo reglas de juego saludables. Si no tienen pautas para abordar cuestiones problemáticas, no respetarán los límites cuando se caldeen los ánimos.

En esencia, hay dos clases de límites para lidiar con el conflicto: los límites de pareja y los límites personales.

Los límites de pareja son reglas que los dos acuerdan de antemano, reglas que se utilizan durante cualquier pelea o altercado. Si se violan estas reglas, cualquiera de los dos tiene derecho a hacerlas respetar, con delicadeza, pero de inmediato. Estas reglas podrían incluir:

1. Nunca mencionaremos el divorcio
2. No traeremos a colación temas del pasado y sin relación
3. Nunca pelearemos en público ni frente a nuestros hijos
4. Nos tomaremos un descanso si el conflicto alcanza un nivel peligroso
5. Nunca tocaremos al otro para hacerle daño
6. Nunca nos iremos a dormir enojados
7. El fracaso no es una opción. Pase lo que pase, lo resolveremos

Los límites personales son reglas que practicas por tu cuenta. Aquí tienes algunos de los ejemplos más efectivos:

1. Escucharé antes de hablar. «Que cada uno sea pronto para oír, tardo para hablar, tardo para la ira» (Santiago 1:19)
2. Abordaré mis propios problemas con franqueza. «¿Y por qué miras la mota que está en el ojo de tu hermano, y no te das cuenta de la viga que está en tu propio ojo?» (Mateo 7:3)
3. Hablaré con dulzura y no levantaré la voz. «La suave respuesta aparta el furor, mas la palabra hiriente hace subir la ira» (Proverbios 15:1)

Pelear limpio significa cambiar de armas; disentir con dignidad. Como resultado, deberías poder tender un puente en lugar de quemarlo. Recuerda, el amor no es una pelea, sino que siempre vale la pena pelear por él.

HABLA CON TU CÓNYUGE CON RESPECTO
A ESTABLECER REGLAS DE JUEGO SALUDABLES.
SI NO ESTÁ LISTO PARA ESTO, ENTONCES ANOTA
TUS PROPIAS REGLAS PERSONALES PARA RES-
PETAR DURANTE LAS DISCUSIONES. DECIDE
CUMPLIRLAS CUANDO VUELVA A SURGIR UN
DESACUERDO.

___ Haz una marca aquí cuando hayas
completado el desafío de hoy.

Si tu cónyuge participó, ¿cuál fue su respuesta? ¿Qué reglas
personales anotaste?

_____

_____

_____

_____

_____

_____

_____

_____

Tened el mismo sentir unos con otros. (Romanos 12:16)

Día 14
El amor se deleita

Goza de la vida con la mujer que amas todos los días de tu vida fugaz.
Eclesiastés 9:9 NBLH

Una de las cuestiones más importantes que deberías aprender en este viaje que el amor te desafía es que no puedes simplemente *seguir* tu corazón. Debes *guiarlo*. No debes permitir que tus sentimientos y emociones te conduzcan. Debes colocarlos en el asiento trasero y decirles adónde irás.

En tu relación matrimonial, no siempre tendrás deseos de amar. Es poco realista esperar que tu corazón se estremezca al pensar en pasar cada momento con tu cónyuge. Nadie puede mantener un deseo ardiente de unión que depende solo de los sentimientos; pero también es difícil amar a alguien sólo por obligación.

Un recién casado se deleita en la persona que ahora es su cónyuge. Su amor es fresco y joven, y en el corazón persisten esperanzas de un futuro romántico. Sin embargo, hay algo que tiene el mismo poder que ese amor fresco y nuevo. Viene de la *decisión* de deleitarte en tu cónyuge y de amarlo sin importar cuánto tiempo hayas estado casado. En otras palabras, el amor que *decide* amar tiene el mismo poder que el amor que *tiene deseos* de amar. En muchos aspectos, es un amor más verdadero porque tiene los ojos bien abiertos.

Si depende de nosotros, siempre nos inclinaremos a desaprobar al otro. Ella te crispará los nervios. Él te sacará de quicio. Tengamos en cuenta que nuestros días son demasiado cortos como para gastarlos discutiendo por nimiedades. La vida es demasiado fugaz.

En cambio, es hora de guiar tu corazón una vez más a que se deleite en tu cónyuge. *Disfruta* de tu cónyuge. Toma la mano de tu esposa y busca su compañía. Desea conversar con tu esposo. Recuerda por qué te enamoraste de su personalidad. Acepta a esta persona (con sus peculiaridades y todo) y vuelve a recibirla con los brazos abiertos en tu corazón.

Una vez más, puedes elegir lo que atesoras. Tus preferencias no vienen programadas de nacimiento ni estás destinado a actuar de acuerdo a ellas. Si eres irritable, es porque decides serlo. Si no puedes funcionar sin una casa limpia, es porque has decidido que no puedes hacerlo de ninguna otra manera. Si fastidias a tu pareja más de lo que la elogias, es porque has permitido que tu corazón sea egoísta. Te has dejado llevar por la crítica.

Así que ya es hora de sacar tu corazón de allí. Es hora de aprender a deleitarte en tu cónyuge una vez más, y podrás observar cómo tu corazón comienza a disfrutar de su persona.

Quizá te sorprenda descubrir que la Biblia tiene muchas historias de amor romántico, y ninguna es tan evidente ni provocativa como la que aparece en los ocho capítulos del Cantar de los Cantares. Escucha cómo estos dos amantes se deleitan mutuamente en este libro poético...

La esposa: «Como el manzano entre los árboles del bosque, así es mi amado entre los jóvenes. A su sombra placentera me he sentado, y su fruto es dulce a mi paladar. Él me ha traído a la sala del banquete, y su estandarte sobre mí es el amor» (Cantar de los Cantares 2:3-4).

El esposo: «Levántate amada mía, hermosa mía, y ven conmigo. Paloma mía, en las grietas de la peña, en lo secreto de la senda escarpada, déjame ver tu semblante, déjame oír tu voz; porque tu voz es dulce, y precioso tu semblante» (Cantar de los Cantares 2:13-14).

¿Demasiado sensiblero? ¿Demasiado empalagoso? No para los que guían su corazón a deleitarse en la persona que aman... aun cuando se acaba lo nuevo, aun cuando ella use ruleros en la cabeza y él esté perdiendo el cabello. Es hora de recordar por qué te enamoraste una vez. Es hora de volver a reír; de volver a coquetear; de volver a soñar. Y de hacerlo con placer.

El desafío de hoy puede llevarte a un cambio verdadero y radical en tu manera de pensar. En el caso de algunos, quizá solo sea necesario un pequeño paso para llegar al deleite. En el caso de otros, puede ser necesario un salto gigante desde la indignación constante.

Lo cierto es que si alguna vez te deleitaste (y sí lo hiciste cuando te casaste) puedes volver a hacerlo. No importa si ha pasado mucho tiempo. No importa si han sucedido muchas cosas que cambiaron tu percepción.

Tienes la responsabilidad de volver a encontrar lo que amas de esta persona a la que te has prometido para siempre.

EL DESAFÍO DE HOY

Con determinación, deja de lado una actividad que hagas en general para poder pasar tiempo de calidad con tu cónyuge. Hagan algo que a tu cónyuge le encantaría hacer o un proyecto en el que sabes que quiere participar. simplemente, pasen tiempo juntos.

___ Haz una marca aquí cuando hayas
completado el desafío de hoy.

¿Qué decidiste dejar de lado? ¿Qué hicieron juntos? ¿Cómo les fue? ¿Qué cosa nueva descubriste (o volviste a descubrir) sobre tu cónyuge?

Para encontrar más sobre «guiar tu corazón», ver el Apéndice de la página 210

Dame [...] tu corazón, y que tus ojos se deleiten en mis caminos. (Proverbios 23:26)

Día 15
El amor es honorable

Y *vosotros, maridos, igualmente, convivid de manera comprensiva con vuestras mujeres* [...] *dándole honor como a coheredera de la gracia de la vida.* 1 Pedro 3:7

En nuestro idioma, hay ciertas palabras que tienen un significado poderoso. Cuando se usan, las asociamos al respeto. Estas palabras nunca pierden su carácter eterno, su clase ni su dignidad. Hoy, nos concentraremos en una de ellas. Es la palabra *honor*.

Honrar a alguien significa respetarlo y tenerlo en alta estima, tratarlo como a una persona especial y de gran valor. Cuando le hablas, tus palabras son puras y comprensibles; eres cortés y educado. Cuando esa persona te habla, tomas en serio lo que dice, dándole peso y relevancia a sus palabras. Cuando te pide que hagas algo, te adaptas como puedes, por el solo respeto que le tienes.

La Biblia nos dice que «honremos» a nuestro padre y a nuestra madre, y a las autoridades. Es un llamado a reconocer la posición o el valor de otra persona. El *honor* es una palabra noble.

En especial, esto es cierto en el matrimonio. Honrar a tu pareja significa prestarle toda tu atención, en lugar de hablarle desde atrás de un periódico o con un ojo en la televisión. Cuando se toman decisiones que afecten a ambos o a toda la familia, le das la misma importancia en tu mente a la opinión de tu cónyuge. Honras lo que tiene para decir. Significa mucho para ti, y debería saberlo por la manera en que lo tratas.

Sin embargo, hay otra palabra que nos llama a alcanzar un propósito más alto, una palabra que a menudo no identificamos con el matrimonio, aunque no se puede subestimar su relevancia. Es una palabra que constituye el fundamento del honor: la razón misma por la cual respetamos y tenemos en alta estima a nuestro cónyuge. Esa palabra es *santo*.

Decir que tu cónyuge debería ser «santo» para ti, no significa que sea perfecto. La santidad significa que está apartado para un propósito supremo: ya no común ni cotidiano sino especial y único. Nadie puede competir en tu corazón con una persona que para ti es santa. Es sagrada, alguien a quien honrar, alabar y defender.

La novia trata de esta manera su vestido. Luego de usarlo en su día especial, lo cubre y lo protege, y luego lo separa de todo lo demás en su armario. No la verás usándolo cuando trabaja en el jardín o sale de paseo. Su vestido de novia tiene un valor propio. De esta manera, es santo y sagrado para ella.

Cuando dos personas se casan, cada cónyuge pasa a ser «santo» para el otro, mediante la santidad inherente al matrimonio. Esto significa que ninguna otra persona en el mundo debe disfrutar de este nivel de compromiso y expresión de afecto de tu parte. La relación entre ustedes no se compara a ninguna otra. Compartes la intimidad física sólo con ella, sólo con él. Estableces un hogar con esta persona. Tienes hijos con ella. Tu corazón, tus posesiones, tu vida misma deben estar absortos en este lazo singular que compartes sólo con esta persona.

¿Las cosas son así en tu matrimonio? ¿Tu cónyuge diría que lo honras y lo respetas? ¿Lo consideras apartado y de gran valor para ti? ¿Crees que es santo?

Quizá, no lo *sientas*, y tal vez sea por una buena razón. Tal vez quisieras que algún desconocido pudiera ver cuánta falta de respeto recibes de parte de tu esposo o esposa (alguien que hiciera que tu cónyuge se sintiera avergonzado al salir a la luz quién es en realidad a puertas cerradas).

Sin embargo, con el amor las cosas son distintas. El amor honra aun cuando lo rechazan; trata a su amado como alguien especial y sagrado aun cuando lo único que recibe a cambio es una actitud desagradecida.

Por supuesto, es maravilloso cuando los dos esposos están unidos en este propósito, cuando siguen el mandamiento bíblico de ser «afectuosos unos con otros» en amor y se dan preferencia el uno al otro (Romanos 12:10). «Tengan todos en alta estima el matrimonio y la fidelidad conyugal» (Hebreos 13:4 NVI).

No obstante, cuando tus intentos de honra no son correspondidos, debes honrar igualmente. El amor se atreve a hacerlo; a decir: «Valoraré nuestra relación por sobre todas las demás. El mayor sacrificio que esté dispuesto a hacer, lo haré por ti. Con todos tus fracasos, tus pecados, tus errores y tus defectos (pasados y presentes) igual decido amarte y honrarte». Así se crea una atmósfera para reavivar el amor. Así guías tu corazón a volver a amar de verdad a tu cónyuge. Y eso es lo bueno del honor.

ELIGE UNA MANERA DE DEMOSTRARLE HONOR
Y RESPETO A TU CÓNYUGE QUE SEA DIFERENTE
DE LO HABITUAL. QUIZÁ SEA ABRIRLE LA PUER-
TA A TU ESPOSA. TAL VEZ SEA GUARDARLE LA
ROPA A TU ESPOSO. QUIZÁ SEA LA FORMA EN LA
QUE ESCUCHES Y HABLES CUANDO SE COMU-
NIQUEN. MUÉSTRALE A TU CÓNYUGE QUE LO
TIENES EN ALTA ESTIMA.

___ Haz una marca aquí cuando hayas
completado el desafío de hoy.

¿Cómo elegiste demostrar honor? ¿Cuál fue el resultado?
¿De qué otras maneras podrías demostrar honor durante los
próximos días?

_____

_____

_____

_____

_____

_____

_____

Los honraré y no serán menospreciados. (Jeremías 30:19)

DÍA 16
El amor intercede

*Amado, ruego que seas prosperado en todo así como prospera tu alma,
y que tengas buena salud. 3 Juan 2*

No puedes cambiar a tu cónyuge. No importa cuánto lo deseas, no puedes hacer el papel de Dios y llegar a su corazón para transformarlo en lo que quieres que sea. Sin embargo, muchas parejas pasan gran parte de su tiempo intentando cambiar a su cónyuge.

Se ha dicho que la locura es hacer lo mismo una y otra vez esperando obtener resultados diferentes. ¿Pero acaso no es lo que sucede cuando intentas cambiar a tu pareja? Obtienes la mayor de las frustraciones. En algún momento, debes aceptar que no es algo que tú puedas hacer. Sin embargo, hay algo que sí puedes hacer. Puedes transformarte en un «agricultor sabio».

Un agricultor no puede hacer que una semilla se transforme en una cosecha fructífera. No sirve enojarse con la semilla, manipularla ni exigirle que lleve fruto. Lo que sí puede, es plantar la semilla en terreno fértil, regarla y darle nutrientes, protegerla de las malezas y luego entregársela a Dios. Millones de agricultores se han ganado la vida con este proceso a través de los siglos. Saben que no todas las semillas brotan; pero la mayoría *sí* brotará cuando se la plante en el terreno adecuado y se le proporcione lo que necesita.

No hay garantía de que algo en este libro vaya a cambiar a tu cónyuge. En realidad, no se trata de eso. Se trata de que te atrevas a amar. Si tomas este desafío en serio, es probable que experimentes un cambio radical en ti.

Y si llevas a cabo cada desafío, es

probable que tu cónyuge se vea afectado y que tu matrimonio comience a florecer frente a tus ojos. Quizá lleve semanas. Incluso puede llevar varios años. No importa cómo sea el terreno que tienes para trabajar, igual debes planear para la victoria. Debes quitar las malezas de tu matrimonio; nutrir la tierra del corazón de tu pareja y luego depender de Dios para los resultados.

Sin embargo, no podrás hacerlo solo. Necesitarás algo que tiene más poder que cualquier otra cosa que tengas. Se trata de la oración eficaz.

La oración funciona de verdad. Es un fenómeno espiritual creado por un Dios ilimitado y poderoso. Y da resultados increíbles.

¿Tienes ganas de darte por vencido con tu matrimonio? Jesús dijo que oráramos en lugar de desfallecer (Lucas 18:1). ¿Estás estresado y preocupado? La oración puede traer paz a tus tormentas (Filipenses 4:6-7). ¿Necesitas un cambio decisivo? La oración puede lograr este cambio (Hechos 12:1-17).

Dios es soberano. Hace las cosas a su manera. No es un genio en una lámpara que concede todos tus deseos. Lo cierto es que te ama y desea tener una relación íntima contigo. Sin la oración, esto no sucede.

Hay algunos elementos clave que deben estar en su lugar para que la oración sea eficaz. No obstante, basta con decir que la oración funciona mejor cuando proviene de un corazón humilde que tiene una buena relación con Dios y con los demás. La Biblia dice: «Confesaos vuestros pecados unos a otros, y orad unos por otros. [...] La oración eficaz del justo puede lograr mucho» (Santiago 5:16).

¿Alguna vez te preguntaste por qué Dios te deja ver con tanta claridad los defectos escondidos de tu cónyuge? ¿De verdad crees que es para que lo fastidies por eso? No, es para que te pongas de rodillas con eficacia. Nadie mejor que tú sabe cómo orar por tu cónyuge.

¿Acaso ha funcionado regañar o fastidiar? La respuesta es no, porque estos métodos no cambian el corazón. En cambio, es hora de intentar hablar con Dios en tu aposento.

El esposo descubrirá que Dios puede «arreglar» a su esposa mucho mejor que él. La esposa logrará más a través de la oración estratégica que con todos sus esfuerzos de persuasión. Además, es una manera mucho más agradable de vivir.

Así que transforma tus quejas en oraciones y observa cómo el Maestro obra mientras mantienes limpias las manos. Si tu cónyuge no tiene ninguna clase de relación con Dios, entonces está bien claro por qué tienes que comenzar a orar.

Más allá de esto, comienza a orar exactamente por lo que tu pareja necesita. Ora por su corazón; por su actitud. Ora por las responsabilidades que tiene tu cónyuge ante Dios. Ora para que la verdad reemplace las mentiras; para que el perdón reemplace la amargura. Ora por un cambio genuino en tu matrimonio. Y luego, ora por los deseos de tu corazón: para que el amor y el honor se transformen en lo normal. Ora para llegar a un nivel más profundo de romance e intimidad.

Una de las maneras en que más puedes demostrar amor por tu cónyuge es orar por él. «Pedid, y se os dará; buscad, y hallaréis; llamad, y se os abrirá» (Mateo 7:7).

EL DESAFÍO DE HOY

COMIENZA A ORAR HOY POR EL CORAZÓN DE TU CÓNYUGE. ORA POR TRES ÁREAS ESPECÍFICAS EN LAS QUE DESEAS QUE DIOS OBRE EN SU VIDA Y EN TU MATRIMONIO.

___ Haz una marca aquí cuando hayas completado el desafío de hoy.

¿Alguna vez experimentaste el poder de la oración? ¿Por qué temas decidiste orar? ¿Fue fácil para ti o te resultó extraño?

_____

_____

_____

_____

_____

_____

_____

Para obtener un enfoque más profundo sobre la oración eficaz, ver el Apéndice en la página 202

Si alguien teme a Dios y hace su voluntad, a éste oye. (Juan 9:31)

Día 17
El amor cultiva la intimidad

*El que perdona la ofensa cultiva el amor; el que insiste en la ofensa
divide a los amigos. Proverbios 17:9 NVI*

Puedes ser unido con un buen amigo que conoces desde
la infancia o la universidad. Puedes ser unido con un hermano,
con tus padres o con un primo que tenga más o menos tu
edad. Sin embargo, nada se compara con la unidad que se
experimenta entre un esposo y una esposa. El matrimonio es la
relación humana más íntima.

Por eso lo necesitamos tanto. Cada uno de nosotros llega
a la vida con un hambre innato por ser conocido, amado y
aceptado. Queremos que las personas sepan nuestro nombre,
nos reconozcan cuando nos vean y nos valoren por lo que
somos. La posibilidad de compartir nuestro hogar con alguien
que nos conoce hasta el detalle más íntimo es parte del
profundo placer del matrimonio.

Sin embargo, en esta gran bendición también yace su
mayor peligro. Alguien que nos conoce a fondo puede amarnos
con una profundidad que jamás imaginamos o puede herirnos
de manera tal que nunca nos recuperemos del todo. Es el fuego
y el temor del matrimonio.

¿Cuál de ellos experimentas más en tu hogar hoy? ¿Los
secretos que tu cónyuge conoce sobre ti son motivo de
vergüenza o motivos para *unirlos* más? Si tu cónyuge fuera a
responder esta misma pregunta, ¿diría que lo haces sentir *seguro*
o *asustado*?

Si el hogar no es considerado como un lugar
seguro, los dos se verán tentados a buscar

esa seguridad en otra parte. Quizá, te vuelques a otra persona, e inicies una relación que coquetee con el adulterio o en última instancia, lo cometa. Tal vez busques consuelo en el trabajo o en pasatiempos fuera de casa, en algo que te proteja, en parte, de la intimidad pero que también te mantenga rodeado de personas que te respeten y te acepten.

Tu pareja no debería sentirse presionada a ser perfecta para recibir tu aprobación. No tendría que andar con pie de plomo en donde debiera sentirse en libertad de caminar con soltura. La Biblia dice: «En el amor no hay temor, sino que el perfecto amor echa fuera el temor» (1 Juan 4:18). En tu matrimonio, debería de haber una atmósfera de libertad. Al igual que Adán y Eva en el jardín, la relación estrecha entre ustedes debiera intensificar su intimidad. Estar desnudos y no sentir vergüenza (Génesis 2:25) debería ser parte de la misma frase en tu matrimonio: en el ámbito físico y emocional.

Hay que admitir que es un tema delicado. El matrimonio ha descargado el bagaje de otra persona sobre tu vida, y el tuyo sobre la vida de esa persona. Es natural sentirse avergonzado de que se le haya revelado tanto sobre ti a alguien más; pero es tu oportunidad para guardar toda esta información privada en el abrazo protector de tu amor, y prometer ser la persona que mejor pueda ayudar a tu cónyuge a manejarla.

Algunos de estos secretos pueden necesitar corrección. Por lo tanto, puedes ser un agente de sanidad y restauración: no con sermones ni críticas, sino escuchando con amor y ofreciendo apoyo.

Algunos de estos secretos solo necesitan ser aceptados. Son parte del carácter y la historia de esta persona. Y aunque quizá no sea agradable, siempre habrá que tratar estas cuestiones con tacto y dulzura.

En cualquiera de los dos casos, solo tú ejerces el poder

de rechazar a tu cónyuge debido a estas cosas o de aceptarlo e invitarlo a pasar, con todos sus defectos. Sabrá que se encuentra en un lugar seguro donde tiene la libertad de cometer errores, o se encerrará en sí mismo y lo perderás, quizá para siempre. Amar bien a tu cónyuge debería ser la labor de tu vida.

Piénsalo así: Nadie te conoce mejor que Dios, quien te hizo. El autor del Salmo 139 tenía razón cuando dijo: «Tú conoces mi sentarme y mi levantarme; desde lejos comprendes mis pensamientos. Tú escudriñas mi senda y mi descanso, y conoces bien todos mis caminos. Aun antes de que haya palabra en mi boca, he aquí, oh Señor, tú ya la sabes toda» (Salmo 139:2-4).

Y sin embargo, Dios, quien conoce los secretos que escondemos incluso de nosotros mismos, nos ama con una profundidad que no podemos ni comenzar a comprender. ¿Cuánto más deberíamos (como personas imperfectas) extender la mano a nuestro cónyuge con gracia y comprensión, aceptándolo por quien es y asegurándole que sus secretos están seguros con nosotros?

Quizá esta sea un área en la que has fracasado en el pasado. Si es así, no esperes que, de inmediato, tu pareja te deje entrar sin impedimentos a su corazón. Debes comenzar a reconstruir la confianza. A Jesús mismo se lo describe como el único que no se entromete en la vida de las personas, sino que permanece a la puerta y llama. «Si alguno oye mi voz y abre la puerta, entraré a él, y cenaré con él y él conmigo» (Apocalipsis 3:20).

Siempre hace falta tiempo para que se desarrolle la realidad de la intimidad, en especial, luego de haber sido puesta en peligro. Hoy mismo puedes tomar el compromiso de restablecerla... esto es así para cualquiera que esté dispuesto a aceptar el desafío.

DECIDE PROTEGER LOS SECRETOS DE TU
CÓNYUGE (A MENOS QUE SEAN PELIGROSOS
PARA ÉL O PARA TI) Y ORA POR ÉL. HABLA CON
TU CÓNYUGE Y DECIDE DEMOSTRAR AMOR
A PESAR DE ESTAS CUESTIONES. ESCÚCHALO
DE VERDAD CUANDO TE CUENTE
PENSAMIENTOS Y LUCHAS PERSONALES.
HAZ QUE SE SIENTA SEGURO.

___ Haz una marca aquí cuando hayas
completado el desafío de hoy.

¿Cuánto te cuesta detenerte y no decir algo crítico o de otro
tipo? ¿Qué aprendiste hoy sobre tu cónyuge al escucharlo?

_____

_____

_____

_____

_____

_____

_____

_____

Yo soy de mi amado y mi amado es mío. (Cantar de los Cantares 6:3)

DÍA 18
El amor procura comprender

*Bienaventurado el hombre que halla sabiduría y el hombre
que adquiere entendimiento.* Proverbios 3:13

Nos gusta descubrir todo lo que podemos sobre las cosas
que nos importan de verdad. Si se trata de nuestro equipo de
fútbol preferido, leeremos todo artículo que nos ayude a saber
cómo se desarrolla. Si se trata de cocina, veremos los canales
que revelan las mejores técnicas de parrilla o recetas de postres.
Si un tema nos resulta atractivo, prestaremos atención cada vez
que surja. De hecho, a menudo es un área de estudio personal.

Por supuesto, está bien tener intereses ajenos al
matrimonio y saber mucho sobre ciertas cuestiones. Sin
embargo es aquí donde el amor haría la siguiente pregunta:
«¿Cuánto sabes con respecto a tu pareja?»

Piensa en la época en la que eran novios. ¿Acaso no
estudiabas a la persona por quien tu corazón latía?

Cuando un hombre intenta ganar el corazón de una mujer,
la estudia. Descubre lo que le gusta, lo que no le gusta, sus
hábitos y sus pasatiempos; pero una vez que gana su corazón y
se casa, a menudo deja de descubrir cosas sobre ella. El misterio
y el desafío de conocerla parecen menos intrigantes, y sus
intereses comienzan a desviarse hacia otras áreas.

A menudo, también es cierto en el caso de las mujeres,
quienes al principio admiran y respetan al hombre con el
cual quieren estar. Y luego del matrimonio, esos sentimientos
comienzan a desvanecerse, a medida que la realidad revela
que su «príncipe» es un hombre con imperfecciones y
muchos defectos.

Sin embargo, tu cónyuge todavía tiene misterios escondidos para descubrir. Si logras comprender esto será una ayuda para unirlos más a los dos. Incluso puede traerte favor a los ojos de tu pareja. «El buen entendimiento produce favor» (Proverbios 13:15).

Considera el siguiente punto de vista: si todo lo que estudiaste de tu cónyuge antes de casarte fuera equivalente a un diploma de la escuela secundaria, entonces deberías seguir aprendiendo sobre tu pareja hasta obtener un «título universitario», una «maestría» y por último, un «doctorado». Imagínalo como un viaje que dura toda la vida, el cual te acerca cada vez más a tu cónyuge.

- ¿Sabes cuáles son sus mayores esperanzas y sus sueños?
- ¿Comprendes bien cómo prefiere dar y recibir amor?
- ¿Conoces los mayores temores de tu cónyuge y por qué lucha con ellos?

Uno de los problemas que impide tener una buena relación con tu cónyuge es que sencillamente no lo comprendes. Es probable que reaccione en forma muy distinta a ti frente a ciertas situaciones, y no comprendes por qué.

Estas diferencias (aun las que son relativamente insignificantes) pueden ser causa de muchas peleas y conflictos en tu matrimonio. Esto se debe a que, como dice la Biblia, tenemos la tendencia de «maldecir» las cosas que no entendemos (Judas 10 NVI).

Los gustos y las preferencias de tu cónyuge tienen sus razones. Cada matiz de su carácter tiene como trasfondo una historia. Cada elemento que conforma su identidad y su manera de pensar se expresa en una serie de principios guía, los cuales a menudo solo tienen sentido para la persona que los sostiene; pero vale la pena tomarse el tiempo para estudiar por qué es de esa manera.

Si extrañas el nivel de intimidad que supiste tener con tu cónyuge, una buena manera de volver a ganar su corazón es comprometiéndote a conocerlo. Estúdialo. Léelo como a un libro que intentas comprender.

Haz preguntas. La Biblia dice: «El oído del sabio busca el conocimiento» (Proverbios 18:15). El amor toma la iniciativa de comenzar las conversaciones. Tu cónyuge necesita saber que tu deseo de comprenderlo es auténtico y genuino, sólo así podrás lograr que se abra.

Escucha. «Los sabios atesoran conocimiento, pero la boca del necio es ruina cercana» (Proverbios 10:14). El objetivo de comprender a tu cónyuge es escucharlo, no decirle lo que piensas. Aun si no es demasiado conversador, el amor te llama a sacar las «aguas profundas» que viven en él (Proverbios 20:5).

Pídele discernimiento a Dios. «Porque el Señor da sabiduría, de su boca vienen el conocimiento y la inteligencia» (Proverbios 2:6). Las diferencias entre los sexos, trasfondos familiares y las distintas experiencias pueden nublar tu capacidad para conocer el corazón y las motivaciones de tu cónyuge. Sin embargo, Dios da sabiduría. El Señor te mostrará lo que necesitas para saber cómo amar mejor a tu cónyuge.

«Con sabiduría se edifica una casa, y con prudencia se afianza; con conocimiento se llenan las cámaras de todo bien preciado y deseable» (Proverbios 24:3-4). Hay una profundidad de belleza y significado dentro de tu esposa o tu esposo, que te sorprenderá a medida que descubras más al respecto. Entra en el misterio con esperanza y entusiasmo. Desea conocer a esta persona aun mejor de lo que ya la conoces. Transfórmala en tu campo de estudio elegido, y llenarás tu hogar con las riquezas que solo el amor puede generar.

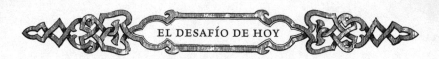

EL DESAFÍO DE HOY

PREPARA UNA CENA ESPECIAL EN TU CASA,
SOLO PARA USTEDES DOS. LA CENA PUEDE SER
TAN ESPECIAL COMO QUIERAS. DEDICA ESTE
TIEMPO A CONOCER MEJOR A TU CÓNYUGE,
QUIZÁ EN ÁREAS DE LAS CUALES NO HAN
HABLADO CASI NUNCA. DECIDE QUE SEA UNA
NOCHE AGRADABLE PARA LOS DOS.

___ Haz una marca aquí cuando hayas
completado el desafío de hoy.

¿Qué descubriste de tu cónyuge que no sabías? ¿Cómo podrías
continuar en otra ocasión, de otras maneras, este proceso de
descubrimiento? ¿Qué momentos hicieron que esta noche
fuera memorable?

_____

_____

_____

_____

_____

_____

ra encontrar una lista de preguntas relacionadas con el desafío de hoy, ver el Apéndice de la página 206

Adquiere sabiduría, y con todo lo que obtengas adquiere inteligencia. (Proverbios 4:7)

Día 19
El amor es imposible

Amémonos unos a otros, porque el amor es de Dios, y todo el que ama es nacido de Dios y conoce a Dios. 1 Juan 4:7

El desafío del amor comienza con un secreto. Y aunque ha sido un elemento tácito cada día, es probable que hayas ido acumulando más y más sospechas. Ahora que llegaste hasta aquí, se trata de un secreto que estás descubriendo solo, aunque no sepas cómo expresarlo exactamente.

El secreto es el siguiente: Tu corazón no puede fabricar el amor incondicional (o amor *ágape*). Es imposible. Excede tus capacidades. Excede *todas* nuestras capacidades.

Quizá hayas demostrado ternura y generosidad de alguna manera, y tal vez hayas aprendido a ser más considerado. Sin embargo, amar a alguien en forma desinteresada e incondicional es otra cosa.

Entonces, ¿cómo puedes hacerlo? Te guste o no, el amor *ágape* no es algo que *puedes* hacer. Es algo que solo Dios puede hacer. Y es gracias a su gran amor por ti (y a su amor por tu cónyuge), que Él elige expresar ese amor *a través* de ti.

Aun así, quizá no lo creas. Tal vez estés convencido de que si te esfuerzas y te comprometes lo suficiente, puedes obtener de tu corazón el amor incondicional, perdurable y sacrificial. Quieres creer que está en ti.

¿Pero cuántas veces tu amor no ha podido evitar que mientas, que codicies, que reacciones en forma exagerada, que pienses mal de la persona a la que prometiste delante de Dios que amarías durante el resto de tu vida?

¿Cuántas veces tu amor ha sido

incapaz de controlar tu enojo? ¿Cuántas veces te ha motivado a perdonar o ha traído un final pacífico a una pelea?

Esta incapacidad es la que pone de manifiesto la condición pecaminosa de la humanidad. Ninguno de nosotros ha alcanzado los mandamientos de Dios (Romanos 3:23). Todos hemos demostrado egoísmo, odio y orgullo. Y a menos que haya algo que nos limpie de estos atributos impíos, seremos declarados culpables ante Dios (Romanos 6:23). Por eso, si no estás a cuentas con Dios, no puedes amar de verdad a tu cónyuge porque Él es la fuente de ese amor.

No puedes dar lo que no tienes. No puedes invocar reservas ni recursos interiores que no existen. Así como no puedes regalar un millón de dólares si no los tienes, no puedes dar más amor del que posees. Puedes intentarlo, pero fracasarás.

Así que, en concreto: el amor que puede soportar todas las presiones está fuera de tu alcance, mientras busques encontrarlo dentro de ti mismo. Necesitas que alguien te dé esa clase de amor.

«El amor es de Dios» (1 Juan 4:7). Y solo los que le han permitido a Dios que entre a su corazón por medio de la fe en su hijo, Jesús (solo los que han recibido el Espíritu de Cristo al creer en su muerte y su resurrección) pueden aprovechar el verdadero poder del amor. Jesús dijo: «Separados de mí nada podéis hacer» (Juan 15:5).

Y también dijo: «Si permanecéis en mí, y mis palabras permanecen en vosotros, pedid lo que queráis y os será hecho» (Juan 15:7). Por medio de Cristo, Dios ha prometido habitar en tu corazón a través de la fe para que conozcas «ese amor que sobrepasa nuestro conocimiento, para que [seas lleno] de la plenitud de Dios» (Efesios 3:19, RVR1995).

Cuando te rindes a Cristo, su poder puede obrar a través de ti. Aun en tu mejor momento, no estás a la altura de los principios de Dios. Sin embargo, Él «es poderoso para hacer todo mucho más abundantemente de lo que pedimos o entendemos, según el poder que obra en nosotros» (Efesios 3:20). De esa manera puedes amar a tu cónyuge.

Así que este secreto inquietante (por más frustrante que parezca) tiene un final feliz para los que dejen de resistir y reciban el amor que Dios tiene para ellos. Esto significa que el amor que ha «derramado en nuestros corazones por medio del Espíritu Santo que nos fue dado» (Romanos 5:5) está siempre a nuestro alcance, cada vez que elegimos someternos a él.

Sencillamente, no podrás hacerlo sin Dios.

Quizá nunca le entregaste tu corazón a Cristo, pero hoy sientes que te atrae hacia Él. Tal vez, por primera vez te des cuenta de que tú también has quebrantado los mandamientos de Dios, y que tu culpa impedirá que lo conozcas. Sin embargo, las Escrituras dicen que si te arrepientes y te alejas de tu pecado al volverte a Dios, Él está dispuesto a perdonarte gracias al sacrificio que hizo su Hijo en la cruz. Él te está buscando, no para esclavizarte sino para liberarte, para que puedas recibir su amor y su perdón. Luego, podrás comunicárselo a la persona que fuiste llamado a amar.

Quizá, ya seas creyente, pero admites que te has alejado de tu comunión con Dios. No lees la Palabra, no oras, quizá ya ni siquiera vayas a la iglesia. El amor que corría por tus venas se ha ido reduciendo hasta llegar a la apatía.

Lo cierto es que no puedes vivir sin Él y no puedes amar sin Él; pero Dios podría hacer cosas increíbles en tu matrimonio si depositas en Él tu confianza.

EL DESAFÍO DE HOY

VUELVE A MIRAR LOS DESAFÍOS DE LOS DÍAS ANTERIORES. ¿HUBO ALGUNOS QUE TE PARECIERON IMPOSIBLES? ¿HAS TOMADO CONCIENCIA DE LA NECESIDAD DE QUE DIOS CAMBIE TU CORAZÓN Y TE DÉ LA CAPACIDAD DE AMAR? PÍDELE QUE TE MUESTRE CÓMO ESTÁ TU RELACIÓN CON ÉL, Y RECLAMA LA FORTALEZA Y LA GRACIA PARA RESOLVER TU DESTINO ETERNO.

___ Haz una marca aquí cuando hayas
completado el desafío de hoy.

¿Qué crees que Dios te está diciendo? ¿Sientes que algo se agita en tu interior? ¿Qué decisión has tomado en respuesta a esto?

_____

_____

_____

_____

_____

_____

Eso es imposible, pero para Dios todo es posible. (Mateo 19:26)

Día 20
El amor es Jesucristo

Mientras aún éramos débiles, a su tiempo Cristo murió por los impíos.

Romanos 5:6

La reflexión y el desafío de ayer nos llevaron a esta conclusión. Por fortuna, es una conclusión con la cual puedes vivir: hoy, mañana y para siempre.

Jesús ha venido a buscarte y a salvarte (Lucas 19:10). Todas las cosas en las que has fracasado, cada minuto que malgastaste intentando arreglar las cosas a tu manera... todo puede perdonarse y restaurarse al colocar tu vida en manos del que te la dio primero.

Quizá nunca lo hiciste. Entonces, hoy es tu día. «Ahora es el tiempo propicio; he aquí, ahora es el día de la salvación» (2 Corintios 6:2).

Quizá lo hiciste hace años, pero te has alejado mucho de tus raíces espirituales. Entonces, «arrepentíos y convertíos, para que vuestros pecados sean borrados, a fin de que tiempos de refrigerio vengan de la presencia del Señor» (Hechos 3:19). Aun si Cristo es tu estilo de vida y nunca dejaste de caminar en comunión con Él, los siguientes pasajes de las Escrituras serán un renovado motivo de gratitud por todo lo que ha hecho por ti.

La Biblia dice que somos pecadores desde que nacemos, desde el momento en que llegamos al mundo. «He aquí, yo nací en iniquidad, y en pecado me concibió mi madre» (Salmo 51:5). «Todos nosotros somos como el inmundo, y como trapo de inmundicia todas nuestras obras justas» (Isaías 64:6). Dios no envía al infierno a personas inocentes. Lo merecemos. Sencillamente, no podemos ser lo suficientemente buenos como para vivir con un Dios puro y santo.

Sin embargo, «Dios ha enviado a su Hijo unigénito al mundo para que vivamos por medio de Él» (1 Juan 4:9). «Aunque existía en forma de Dios, no consideró el ser igual a Dios como algo a qué aferrarse, sino que se despojó a sí mismo tomando forma de siervo [...] Se humilló a sí mismo, haciéndose obediente hasta la muerte, y muerte de cruz» (Filipenses 2:6-8). «Él mismo llevó nuestros pecados en su cuerpo sobre la cruz, a fin de que muramos al pecado y vivamos a la justicia, porque por sus heridas fuisteis sanados» (1 Pedro 2:24). Por su muerte, Él invalidó la idea de que no mereces ser amado y no tienes valor. Si alguna vez te sientes de esa manera, no estás mirando la cruz. Allí, Él probó su amor por ti.

No se puede comprender por completo un amor semejante. «A duras penas habrá alguien que muera por un justo, aunque tal vez alguno se atreva a morir por el bueno. Pero Dios demuestra su amor para con nosotros, en que siendo aún pecadores, Cristo murió por nosotros» (Romanos 5:7-8).

Este amor tampoco se puede ganar. «Porque la paga del pecado es muerte, pero la dádiva de Dios es vida eterna en Cristo Jesús Señor nuestro» (Romanos 6:23). «Porque por gracia habéis sido salvados por medio de la fe, y esto no de vosotros, sino que es don de Dios; no por obras, para que nadie se gloríe» (Efesios 2:8-9).

Es necesario recibirlo. «Si confiesas con tu boca a Jesús por Señor, y crees en tu corazón que Dios le resucitó de entre los muertos, serás salvo; porque con el corazón se cree para justicia, y con la boca se confiesa para salvación» (Romanos 10:9-10).

Y cuando te apropias de esta nueva vida y este nuevo amor, eres libre para amar con una capacidad que nunca antes tuviste.

«En esto conocemos lo que es el amor: en que Jesucristo
entregó su vida por nosotros. Así también nosotros debemos
entregar la vida por nuestros hermanos [...] Y éste es su
mandamiento: que creamos en el nombre de su Hijo Jesucristo,
y que nos amemos los unos a los otros, pues así lo ha dispuesto»
(1 Juan 3:16,23 NVI). «El que no ama no conoce a Dios, porque
Dios es amor» (1 Juan 4:8).

Él estuvo dispuesto a amarte aunque no lo merecías, aun
cuando no correspondiste a ese amor. Pudo ver todos tus
defectos y tus imperfecciones y aun así eligió amarte. Su amor
hizo el mayor de los sacrificios para satisfacer la mayor de tus
necesidades. Como resultado puedes (mediante su gracia)
caminar en la plenitud y la bendición de su amor. Ahora y para
siempre.

Esto significa que ahora compartes este mismo amor con
tu cónyuge. Puedes amar aun cuando no te ame. Puedes ver
todos sus defectos y sus imperfecciones y aun así elegir amarlo.
Y aunque no puedes satisfacer sus necesidades al igual que
Dios, puedes transformarte en su instrumento para satisfacer
las necesidades de tu cónyuge. Como resultado, él o ella podrá
caminar en la plenitud y la bendición de tu amor. Ahora y hasta
la muerte.

El verdadero amor solo se encuentra en Cristo. Y luego de
recibir su regalo de nueva vida al aceptar su muerte en tu lugar
y el perdón de tus pecados, por fin estás listo para poner en
práctica el desafío.

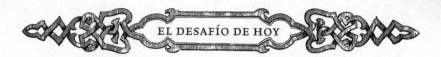

EL DESAFÍO DE HOY

ATRÉVETE A TOMARLE LA PALABRA A DIOS. ATRÉVETE A CONFIAR EN JESUCRISTO PARA LA SALVACIÓN. ATRÉVETE A ORAR: «SEÑOR JESÚS, SOY PECADOR; PERO HAS DEMOSTRADO TU AMOR POR MÍ AL MORIR PARA PERDONAR MIS PECADOS, Y HAS PROBADO TU PODER PARA SALVARME DE LA MUERTE MEDIANTE TU RESURRECCIÓN. CAMBIA MI CORAZÓN Y SÁLVAME CON TU GRACIA».

___ Haz una marca aquí cuando hayas completado el desafío de hoy.

Escribe tu experiencia. Aunque solo renueves tu compromiso de recibir y expresar el amor de Dios, ¿qué te ha mostrado Él hoy?

_____

_____

_____

_____

_____

_____

_____

En su amor y en su compasión los redimió. (Isaías 63:9)

Día 21
El amor se sacia en Dios

El Señor te guiará continuamente, saciará tu deseo. Isaías 58:11

El día 20 fue de vital importancia para el desafío de este libro... y para tu vida. Te enfrentaste cara a cara con la necesidad manifiesta de todo corazón humano. Y quizá, por primera vez, reconociste lo personal que es esta necesidad. Tal vez te hayas dado cuenta de que en tu caja de herramientas con talentos y recursos, nada podía reparar el daño que deja el pecado, y que Jesús es el único que puede proveer lo que te falta. Si lo recibiste por fe y le entregaste tu vida para que Él la administre y la guíe, entonces su Espíritu Santo está renovando tu corazón. Su sabiduría, su gracia y su poder ahora pueden liberarse en todo lo que hagas; incluyendo nada menos que tu matrimonio.

Sin importar si es algo nuevo para ti o si sigues a Jesús hace bastante tiempo, es hora de que afirmes algo en tu mente: necesitas a Dios todos los días. No se trata de una propuesta de medio tiempo. Solo Él puede saciar, aunque todo lo demás te falle.

Quizá tu esposo llegue tarde a casa una vez más; pero Dios siempre llegará a tiempo.

Tal vez tu esposa te decepcione una vez más; pero puedes estar seguro de que Dios siempre cumplirá sus promesas.

Todos los días tienes expectativas de tu cónyuge. A veces, las cumple. A veces no. Sin embargo, nunca podrá satisfacer por completo todas tus exigencias... en parte, porque algunas de tus exigencias son irracionales y en parte porque tu cónyuge es humano.

Sin embargo, Dios no lo es. Y los

que acuden a Él cada día con una total dependencia para que satisfaga las necesidades reales de su vida son los que descubren que en verdad se puede depender de Él.

¿Acaso tu cónyuge puede darte paz interior? No; pero Dios sí. «Por nada estéis afanosos; antes bien, en todo, mediante oración y súplica con acción de gracias, sean dadas a conocer vuestras peticiones delante de Dios. Y la paz de Dios, que sobrepasa todo entendimiento, guardará vuestros corazones y vuestras mentes en Cristo Jesús» (Filipenses 4:6-7).

¿Acaso tu cónyuge puede lograr que estés satisfecho sin importar lo que la vida arroje a tu paso? No; pero Dios sí puede. «En todo y por todo he aprendido el secreto [...] de estar saciado [...] Todo lo puedo en Cristo que me fortalece» (Filipenses 4:12-13).

En tu vida, hay necesidades que solo Dios puede satisfacer por completo. Aunque tu esposo o esposa puede saciar *algunas* de estas necesidades (al menos, de vez en cuando) solo Dios puede saciarlas todas: Tu necesidad de amor, tu necesidad de aceptación, tu necesidad de gozo. Es hora de renunciar a depender de alguien o algo para funcionar y sentirte realizado todo el tiempo. Solo Dios puede hacerlo, a medida que aprendas a depender de Él; pero quiere hacerlo a su manera. «Mi Dios proveerá a todas vuestras necesidades, conforme a sus riquezas en gloria en Cristo Jesús» (Filipenses 4:19).

Hay una necesidad real de amor, paz y suficiencia. Nadie dice que no deberías tenerla; pero en lugar de conectarte a cosas que, en el mejor de los casos, son inestables y que están sujetas a cambios (tu salud, tu dinero, incluso el afecto y las mejores intenciones de tu pareja), conéctate a Dios. Es lo único en tu vida que *nunca* cambia. Su fidelidad, su verdad y las promesas para sus hijos siempre permanecerán. Por eso necesitas buscarlo todos los días.

Nuestra única razón para no hacerlo es que en realidad no confiamos en Dios para que provea lo que necesitamos. Y sin embargo, la Biblia dice: «Pon tu delicia en el Señor, y Él te dará las peticiones de tu corazón» (Salmo 37:4). Cuando lo buscamos primero, lo amamos primero y transformamos nuestra relación con Él en la prioridad principal, Él promete proveernos lo que en verdad necesitamos... y en realidad, Dios es lo único que hace falta para saciarnos.

Una vez, Jesús habló con una mujer samaritana junto a un pozo; ella había intentado satisfacer sus necesidades por medio de una serie de relaciones fallidas. Con su vida y su cántaro vacíos, había llegado a este lugar quebrantada y endurecida, pero aun así con una necesidad desesperada. Sin embargo, en Cristo encontró lo que Él llamó «agua viva» (Juan 4:10); una provisión abundante que no era solo para saciar su sed temporal. Lo que Jesús le ofreció de beber fue una refrescante y permanente satisfacción del alma. Y es lo que está a tu disposición cada mañana al amanecer y cada noche antes de acostarte, sin importar quién sea tu cónyuge o lo que te haya hecho.

Dios es tu provisión diaria de todo lo que necesitas.

EN FORMA INTENCIONAL, APARTA TIEMPO
PARA ORAR Y LEER LA BIBLIA. INTENTA LEER
UN CAPÍTULO DE PROVERBIOS CADA DÍA (HAY
31 CAPÍTULOS: LA PROVISIÓN PARA UN MES),
O LEER UN CAPÍTULO DE LOS EVANGELIOS
(MATEO, MARCOS, LUCAS Y JUAN). CUANDO LO
HAGAS, SUMÉRGETE EN EL AMOR Y LAS PROME-
SAS QUE DIOS TIENE PARA TI. ESTO TE HARÁ
CRECER MÁS EN TU CAMINAR CON ÉL.

___ Haz una marca aquí cuando hayas
completado el desafío de hoy.

¿Cómo crees que pasar tiempo a diario con Dios cambiará tu
situación y tu perspectiva? ¿Cómo puedes incluir más a Dios
en tu día?

_____

_____

_____

_____

_____

_____

Abres tu mano, y sacias el deseo de todo ser viviente. (Salmo 145:16)

DÍA 22
El amor es fiel

Te desposaré conmigo en fidelidad, y tú conocerás al Señor. Oseas 2:20

Como cristianos, el amor es el fundamento de toda nuestra identidad. Nuestro renacimiento espiritual sucedió porque «de tal manera amó Dios al mundo, que dio a su Hijo unigénito, para que todo aquel que cree en Él, no se pierda, mas tenga vida eterna» (Juan 3:16).

Jesús declaró que el mandamiento más importane es «Amarás al Señor tu Dios con todo tu corazón [...] tu alma [...] tu fuerza [...] tu mente; y a tu prójimo como a ti mismo» (Lucas 10:27).

Las personas deben distinguirnos como discípulos de Cristo por el amor que tenemos unos por otros (Juan 13:35). Nuestra existencia está arraigada y cimentada en amor (Efesios 3:17) y este amor debe expresarse con pasión y fervor (1 Pedro 4:8). Es una cualidad en la que debiéramos «abundar» más y más (1 Tesalonicenses 3:12), progresar en ella y dejar que cada vez nos defina mejor.

Así que si fuimos creados para comunicar amor, ¿qué haces cuando alguien rechaza tu amor? ¿Qué haces cuando la persona a la que le entregaste tu vida deja de aceptar el amor que eres llamado a dar?

El relato del profeta Oseas en la Biblia es asombroso. Contra toda lógica y decoro, Dios le ordenó que se casara con una prostituta. Quiso que el matrimonio de Oseas mostrara cómo era el amor incondicional del Cielo hacia nosotros. La unión de Oseas con Gomer produjo tres hijos pero, como era de esperar, esta mujer no se conformó siéndole fiel a un solo hombre. Así que Oseas tuvo que lidiar con su corazón roto y con la vergüenza del abandono.

La amó, pero ella rechazó su amor. Se habían acercado, pero ella fue desleal y adúltera y lo rechazó por la lujuria de completos extraños.

El tiempo pasó y Dios volvió a hablarle a Oseas. Le dijo que fuera y reafirmara su amor por esta mujer que le había sido infiel muchas veces. Esta vez, ella había llegado a un nivel aun más bajo y Oseas tuvo que rescatarla de la esclavitud, pero pagó el precio de su redención y la llevó a su casa. Es cierto, ella había despreciado su amor. Había traicionado su corazón. Sin embargo, él volvió a recibirla en su vida y le expresó un amor incondicional.

Es una historia verdadera, pero se utilizó como una imagen del amor de Dios hacia nosotros. Él nos colma de su favor aunque muchas veces no le prestamos atención. En ocasiones, hemos actuado de manera vergonzosa y hemos considerado su amor como una intrusión, como si nos impidiera obtener lo que de verdad queremos. Lo hemos rechazado de muchas formas (aun luego de recibir su regalo de salvación eterna), y sin embargo, sigue amándonos. Sigue siendo fiel.

No obstante, su amor no evita que nos pida cuentas de nuestros malos tratos hacia Él. A menudo, pagamos un precio más alto por nuestro rechazo del que nos damos cuenta. Y sin embargo, elige responder con gracia y misericordia. «En Él tenemos redención mediante su sangre, el perdón de nuestros pecados según las riquezas de su gracia» (Efesios 1:7). En Dios vemos el modelo de lo que hace el amor rechazado: permanece fiel.

Jesús nos llamó a esta clase de amor en el pasaje conocido como el Sermón del Monte. Dijo: «Amad a vuestros enemigos; haced bien a los que os aborrecen; bendecid a los que os maldicen; orad por los que os vituperan» (Lucas 6:27-28).

«Si amáis a los que os aman, ¿qué mérito tenéis? Porque

también los pecadores aman a los que los aman. Si hacéis bien a los que os hacen bien, ¿qué mérito tenéis? Porque también los pecadores hacen lo mismo» (Lucas 6:32-33).

«Amad a vuestros enemigos, y haced bien, y prestad no esperando nada a cambio, y vuestra recompensa será grande, y seréis hijos del Altísimo; porque Él es bondadoso para con los ingratos y perversos» (Lucas 6:35).

Desde la posición estratégica del altar de tu boda, nunca hubieras soñado que esa persona con la cual te casaste se transformaría en una especie de «enemigo», alguien a quien tendrías que amar casi como un acto de completo sacrificio. Y sin embargo, demasiadas veces en el matrimonio, la relación se reduce a ese nivel. Aun al punto de la traición o, tristemente, de la infidelidad.

Para muchos es el comienzo del final. La respuesta de algunas personas es pasar rápidamente a un divorcio trágico. Otros, por proteger más su reputación que su propia felicidad, deciden mantener la farsa en pie. Sin embargo, no tienen intención de adaptarse a la situación... mucho menos, de volver a amar al otro.

No obstante, este no es el modelo del seguidor de Cristo. Si el amor debe ser como el de Él, debe amar aun cuando sus intentos de acercamiento son rechazados. Y para que tu amor sea así, debes tener el amor de Dios en primer lugar.

Puedes darle amor inmerecido a tu cónyuge porque Dios te dio amor inmerecido a ti, repetidas veces y en forma duradera. A menudo, los que menos lo merecen son los que más reciben expresiones de amor.

Pídele que te llene con la clase de amor que sólo Él puede proveer, y luego proponte dárselo a tu pareja de una manera que refleje tu gratitud a Dios por amarte. Es lo bueno del amor redentor. Es el poder de la fidelidad.

EL DESAFÍO DE HOY

EL AMOR ES UNA DECISIÓN, NO UN
SENTIMIENTO. ES UNA ACCIÓN QUE SE PONE
EN MARCHA, NO UN ACTO REFLEJO. HOY
MISMO, ELIGE COMPROMETERTE CON EL AMOR
AUN SI A TU CÓNYUGE YA CASI NO LE INTERESA
RECIBIRLO. DILE HOY CON PALABRAS
PARECIDAS A ESTAS: «TE AMO. ELIJO AMARTE
AUN SI NO ME RETRIBUYES».

___ Haz una marca aquí cuando hayas
completado el desafío de hoy.

¿Por qué es imposible esta clase de amor si el amor de Cristo no
palpita en tu corazón? ¿De qué manera su presencia en tu vida
te capacita para amar, aunque sea en forma unilateral?

_____

_____

_____

_____

_____

_____

He optado por el camino de la fidelidad. (Salmo 119:30 NVI)

DÍA 23
El amor siempre protege

[*El que ama*] *defiende con firmeza.* 1 Corintios 13:7 (BAD, paráfrasis)

Muchas cuestiones conforman el matrimonio; entre ellas, las alegrías, las penas, los logros y los fracasos. Sin embargo, cuando piensas cómo quieres que sea el matrimonio, lo último que se te ocurre es un campo de batalla. No obstante, deberías estar más que dispuesto a pelear algunas para proteger a tu cónyuge.

Por desgracia, tu matrimonio tiene enemigos exteriores. Vienen en distintas formas y utilizan distintas estrategias, pero sin dudas, conspirarán para destruir tu relación a menos que sepas cómo protegerte.

Algunos enemigos son inteligentes y parecen atractivos, pero debilitan el amor y el aprecio entre ustedes. Otros, intentan alejar tu corazón de tu cónyuge, proporcionándote fantasías dañinas y comparaciones poco realistas. Es una batalla que debes pelear para proteger tu matrimonio: una batalla en la cual el amor se coloca la armadura y toma una espada para defender lo que le pertenece. Tu cónyuge y tu matrimonio necesitan tu protección constante de obstáculos como estos:

Las influencias dañinas. ¿Permites que ciertos hábitos envenenen tu hogar? Internet y la televisión pueden ser adquisiciones productivas y placenteras para tu vida, pero también pueden proveer un contenido destructivo y quitarle preciosas horas a tu familia. Lo mismo sucede con los horarios de trabajo que los mantienen separados durante una cantidad de tiempo poco saludable.

No puedes proteger tu hogar si casi

nunca estás; tampoco si estás desconectado de la relación.
Debes luchar para mantener el equilibrio.

Las relaciones poco saludables. No todos tienen lo necesario
para ser buenos amigos. No todos los hombres con los que
cazas y pescas hablan con prudencia en lo que se refiere a
cuestiones del matrimonio. No todas las mujeres con las que te
juntas a almorzar tienen una buena perspectiva con respecto
al compromiso y las prioridades. A decir verdad, cualquier
persona que socave tu matrimonio no merece recibir el título
de «amigo». Y por cierto, debes estar siempre alerta y no
permitir que las relaciones con el sexo opuesto en el trabajo,
el gimnasio e incluso en la iglesia te alejen, en el ámbito
emocional, de la persona a la que ya le diste tu corazón.

La vergüenza. Todos sienten algo de inferioridad y
debilidad. Y como el matrimonio deja todo al descubierto
tanto para ti como para tu cónyuge, es necesario que protejas
la vulnerabilidad de tu esposo o esposa y nunca hables en
forma negativa sobre tu cónyuge en público. Sus secretos son
tus secretos (a menos, por supuesto, que presuman conductas
destructivas que te pongan a ti, a tus hijos o a tu pareja en grave
peligro). Por lo general, el amor esconde las fallas de los demás.
Cubre su vergüenza.

Los parásitos. Cuidado con los parásitos. Un parásito es
cualquier ente que se te prenda a ti o a tu cónyuge y le quite la
vida a tu matrimonio. En general, tienen la forma de alguna
adicción, como los juegos de azar, las drogas o la pornografía.
Prometen placer pero crecen como una enfermedad y
consumen más y más tus pensamientos, tu tiempo y tu dinero.
Le roban tu lealtad y tu corazón a las personas que amas. Los
matrimonios casi nunca sobreviven si hay parásitos. Si amas
a tu cónyuge, debes destruir cualquier adicción que tenga
control sobre tu corazón. Si no lo haces, te destruirá.

La Biblia habla sin rodeos acerca de esta función protectora, a menudo mediante el uso de la analogía de un pastor. Dios advirtió: «Mi rebaño se ha convertido en presa [...] en alimento para todas las fieras del campo». ¿Cómo? «Por falta de pastor». No porque estos hombres fueran demasiado débiles para cumplir con su tarea, sino porque no prestaban atención. En lugar de vigilar para asegurarse de que los predadores no robaran ovejas, «los pastores se han apacentado a sí mismos y no han apacentado mi rebaño» (Ezequiel 34:8). Atendían sumamente bien sus necesidades y apetitos pero no se ocupaban demasiado de la seguridad de los que estaban bajo su cuidado.

Esposa: tienes la función de protectora de tu matrimonio. Debes guardar tu corazón y no dejar que se aleje con las novelas, las revistas y otras formas de entretenimiento que empañan tu percepción de la realidad y le imponen expectativas injustas a tu esposo. En cambio, debes hacer tu parte para ayudarlo a sentirse fuerte, mientras evitas las fantasías televisivas que pueden alejar tu corazón de tu familia. «La mujer sabia edifica su casa, pero la necia con sus manos la derriba» (Proverbios 14:1).

Esposo: Eres la cabeza de tu hogar. Eres el responsable ante Dios de proteger la puerta y mantenerte firme contra cualquier cosa que amenace a tu esposa o a tu matrimonio. No es una tarea insignificante. Requiere un corazón valiente y una mente de acción preventiva. Jesús dijo: «Si el dueño de la casa hubiera sabido a qué hora de la noche iba a venir el ladrón, hubiera estado alerta y no hubiera permitido que entrara en su casa» (Mateo 24:43). Este es tu papel. Tómalo en serio.

QUITA TODO OBSTÁCULO PARA LA RELACIÓN, CUALQUIER ADICCIÓN O INFLUENCIA QUE TE ROBE SENTIMIENTOS Y ALEJE TU CORAZÓN DE TU CÓNYUGE.

___ Haz una marca aquí cuando hayas completado el desafío de hoy.

¿De qué te deshiciste primero? ¿Necesitas quitar más cosas? ¿Qué esperas lograr en tu vida, en tu matrimonio y en tu relación con Dios al quitar estos obstáculos?

Serás restaurado [...] si alejas de tu tienda la injusticia. (Job 22:23)

Día 24
El amor en oposición a la lujuria

El mundo pasa, y también sus pasiones, pero el que hace la voluntad
de Dios permanece para siempre. 1 Juan 2:17

Adán y Eva tenían todo lo que necesitaban en el jardín
del Edén. Tenían comunión con Dios e intimidad entre
ellos. A pesar de esto, cuando a Eva la engañó la serpiente,
vio el fruto prohibido y lo deseó con todo su corazón. Poco
tiempo después, Adán participó de sus deseos y, en contra del
mandamiento de Dios, los dos comieron.

Así es la evolución: Desde los ojos al corazón y luego a la
acción. Después, vienen la vergüenza y el arrepentimiento.

Nosotros también tenemos todo lo que necesitamos para
una vida plena, productiva y enriquecedora. «Nada hemos
traído al mundo, así que nada podemos sacar de él» (1 Timoteo
6:7). La Biblia va más allá y dice que deberíamos contentarnos
con tener la comida y la vestimenta esencial. Y Jesús prometió
que estas dos cuestiones nunca les faltarían a los hijos de Dios
(Mateo 6:25-33).

Sin embargo, las bendiciones de Dios sobrepasan tanto
estas necesidades básicas que podríamos decir que no nos
falta nada. Aun así, al igual que Adán y Eva, queremos más. Así
que ponemos los ojos y el corazón en la búsqueda del placer
mundano. Intentamos satisfacer necesidades legítimas de
maneras ilegítimas. Muchos buscan satisfacción sexual en otra
persona o en imágenes pornográficas diseñadas para que se
parezcan a una persona real. Miramos, clavamos los ojos
y fantaseamos. Intentamos ser discretos

pero apenas si apartamos la vista. Y una vez que la curiosidad capta nuestros ojos, el corazón se enreda. Entonces, actuamos en función de nuestra lujuria.

También podemos codiciar posesiones, poder o tener una ambición orgullosa. Vemos lo que tienen los demás y lo queremos. Nuestro corazón se engaña y piensa: «Si sólo tuviera esto podría ser feliz». Entonces, tomamos la decisión de conseguirlo.

«Pero los que quieren enriquecerse caen en tentación y lazo y en muchos deseos necios y dañosos que hunden a los hombres en la ruina y en la perdición» (1 Timoteo 6:9).

La *lujuria* se opone al amor. Significa desear con pasión algo prohibido. Y en el caso de un creyente, es el primer paso para salir de la comunión con el Señor y con los demás. Esto se debe a que cada objeto de tu lujuria (ya sea un joven compañero de trabajo o una actriz, codiciar una casa de medio millón de dólares o un auto deportivo) representa el comienzo de una mentira. La persona o la cosa que parece prometer una satisfacción absoluta se asemeja más a un pozo sin fondo de anhelos insatisfechos.

La lujuria siempre genera más lujuria. «¿Por qué hay enemistades y riñas entre ustedes? ¿será que en el fondo del alma tienen un ejército de malos deseos?» (Santiago 4:1 BAD, paráfrasis). La lujuria logra que estés descontento con tu cónyuge. Genera enojo, adormece el corazón y destruye los matrimonios. Lleva a la desolación en lugar de a la plenitud.

Es hora de desenmascarar a la lujuria y mostrar qué es en verdad: una sed equivocada de satisfacción que solo Dios puede saciar. La lujuria es como una luz de advertencia en el tablero de mandos de tu corazón, que te alerta si no estás permitiendo que el amor de Dios te llene. Cuando tienes los ojos y el corazón puestos en Él, tus acciones te guiarán a un gozo duradero en lugar de a ciclos interminables de reproche y condenación.

«Su divino poder nos ha concedido todo cuanto concierne a la vida y a la piedad, mediante el verdadero conocimiento de aquel que nos llamó por su gloria y excelencia, por medio de las cuales nos ha concedido sus preciosas y maravillosas promesas, a fin de que por ellas lleguéis a ser partícipes de la naturaleza divina, habiendo escapado de la corrupción que hay en el mundo por causa de la concupiscencia» (2 Pedro 1:3-4).

¿Estás cansado de que la lujuria te mienta? ¿Estás harto de creer que los placeres prohibidos pueden mantenerte feliz y contento? Entonces, comienza a poner tus ojos en la Palabra de Dios. Deja que sus promesas de paz y libertad se abran paso en tu corazón. A diario, recibe el amor incondicional que Él ya te ha probado por medio de la cruz. Concéntrate en ser agradecido por todo lo que Dios ya te dio en lugar de elegir el descontento.

Descubrirás que lo que Él provee te llena tanto que ya no necesitas la comida chatarra de la lujuria.

Y mientras tanto, vuelve a poner los ojos y el corazón en tu cónyuge. «Sea bendita tu fuente, y regocíjate con la mujer de tu juventud […] Su amor te embriague para siempre. ¿Por qué has de embriagarte, hijo mío, con una extraña, y abrazar el seno de una desconocida? Pues los caminos del hombre están delante de los ojos del Señor, y Él observa todos sus senderos» (Proverbios 5:18-21).

«No améis al mundo ni las cosas que están en el mundo. Si alguno ama al mundo, el amor del Padre no está en él» (1 Juan 2:15). La lujuria es lo mejor que este mundo tiene para ofrecer, pero el amor te ofrece la mejor vida del mundo.

PONLE FIN AHORA. IDENTIFICA TODO OBJETO DE LUJURIA EN TU VIDA Y QUÍTALO. DISTINGUE CADA MENTIRA QUE HAS TRAGADO AL BUSCAR EL PLACER PROHIBIDO Y RECHÁZALA. NO SE PUEDE PERMITIR QUE LA LUJURIA VIVA EN UNA HABITACIÓN TRASERA. HAY QUE MATARLA Y DESTRUIRLA (HOY MISMO) Y REEMPLAZARLA CON LAS PROMESAS DE DIOS Y CON UN CORAZÓN LLENO DE SU AMOR PERFECTO.

___ Haz una marca aquí cuando hayas
completado el desafío de hoy.

¿Qué área de lujuria identificaste? ¿Qué precio te ha hecho pagar con el tiempo? ¿Cómo te ha alejado de la persona que quieres ser? Escribe sobre tu nuevo compromiso de buscar a Dios (y a tu cónyuge) en lugar de ir detrás de deseos insensatos.

_____

_____

_____

_____

_____

Andad como libres, pero no uséis la libertad como pretexto para la maldad. (1 Pedro 2:16)

DÍA 25
El amor perdona

Lo que yo he perdonado, si algo he perdonado, lo hice por vosotros en presencia de Cristo. 2 Corintios 2:10

Este desafío es difícil... quizá el más difícil del libro. Pese a esto, si quieres que tu matrimonio tenga esperanza, es necesario tomarlo con absoluta seriedad. Los terapeutas y los pastores que trabajan en forma regular con parejas deshechas, te dirán que es el problema más complejo de todos, una ruptura que a menudo es la última en repararse. No se puede solo considerar el perdón, sino que hay que ponerlo en práctica en forma deliberada. Si no hay perdón, no habrá un matrimonio exitoso.

Jesús pintó una imagen viva del perdón en su parábola del siervo desagradecido. Un hombre que debía una suma considerable de dinero se sorprendió cuando su amo escuchó su pedido de misericordia y canceló su deuda por completo. Sin embargo, una vez que lo liberaron de esta gran carga, el siervo hizo algo de lo más inesperado: fue a ver a otro hombre que le debía una suma mucho menor y exigió que se la pagara de inmediato. Cuando el amo se enteró, el acuerdo con el esclavo cambió en forma radical. «Y enfurecido su señor, lo entregó a los verdugos hasta que pagara todo lo que le debía» (Mateo 18:34). Un día que había comenzado con alegría y alivio terminó con pena y desesperanza.

Tortura. Prisión. Cuando piensas en la falta de perdón, esto debería venirte a la mente, porque Jesús dijo: «Así también mi Padre celestial hará con vosotros, si no perdonáis de corazón cada uno a su hermano» (Mateo 18:35).

Imagina que te encuentras en una

cárcel. Al mirar a tu alrededor, puedes visualizar varias celdas desde donde estás. Allí, ves personas de tu pasado que están encarceladas: personas que te hirieron cuando eras pequeño. Ves a los que una vez fueron tus amigos pero que en algún momento de la vida fueron injustos contigo. Quizá, veas a tus padres allí, tal vez a algún hermano o hermana o algún otro miembro de la familia. Aun tu cónyuge está encerrado allí cerca, atrapado con los demás en esta cárcel de tu imaginación.

Como verás, esta prisión es una habitación de tu propio corazón. Esta cámara oscura, fría y deprimente existe en tu interior todos los días. Sin embargo, no demasiado lejos, Jesús está allí parado, y te ofrece una llave que puede liberar a todos los presos.

No. No quieres saber nada con eso. Estas personas te hirieron demasiado. Sabían lo que hacían y sin embargo lo hicieron... incluso tu cónyuge, la persona en la que más deberías de haber podido confiar. Así que te resistes y te vas. No quieres permanecer más allí. Ver a Jesús, ver la llave en su mano, saber lo que te está pidiendo que hagas… es demasiado.

Cuando intentas escapar, descubres algo alarmante: No hay una salida. Estás atrapado adentro con los demás presos. Tu falta de perdón, tu enojo y tu amargura te han transformado en prisionero a ti también. Al igual que el siervo de la historia de Jesús, al cual le perdonaron una deuda imposible, has elegido no perdonar y te han entregado a los carceleros y los verdugos. Ahora, tu libertad depende de tu perdón.

En general, llegar a esta conclusión nos lleva un tiempo. Vemos que perdonar supone toda clase de peligros y riesgos. Por ejemplo, lo que estas personas hicieron estuvo realmente mal, lo admitan o no. Quizá, ni siquiera estén arrepentidos. Tal vez sientan que sus acciones están perfectamente justificadas, y hasta lleguen a culparte a *ti*. Sin embargo, el perdón no absuelve a nadie de la culpa. No quedan a cuentas con Dios. Simplemente, te libera de tener que preocuparte de su castigo. Cuando perdonas a alguien, no lo liberas. Se lo entregas a Dios, con quien puedes contar para que se encargue de esa persona a su manera. Te ahorras el problema de preparar más discusiones o de intentar imponerte en esta situación. Ya no se trata de ganar o perder. Se trata de la libertad. Se trata de soltar.

Por eso, a menudo escuchas que las personas que han perdonado de verdad dicen: «Parece que me hubieran quitado un peso de encima». Sí, es *exactamente* eso. Es como una bocanada de aire refrescante que entra a tu corazón. La fría oscuridad de la prisión se inunda de luz y frescura. Por primera vez en mucho tiempo, te sientes en paz. Te sientes libre.

¿Pero cómo lo logras? Le entregas al Señor tu enojo y la responsabilidad de juzgar a esta persona. «Amados, nunca os venguéis vosotros mismos, sino dad lugar a la ira de Dios, porque escrito está: "Mía es la venganza, yo pagaré", dice el Señor» (Romanos 12:19).

¿Cómo *sabes* que lo has hecho? Lo sabes cuando al pensar en su nombre o al ver su rostro hace que sientas lástima por ellos, en lugar de hacer que te hierva la sangre; hace que los compadezcas, que en verdad esperes que cambien.

Podría decirse mucho más y quizá debas luchar con muchísimas cuestiones emocionales para lograrlo; pero los matrimonios excelentes no están formados por personas que nunca se hieren, sino por gente que «no toma en cuenta el mal recibido» (1 Corintios 13:5).

HOY MISMO, PERDONA CUALQUIER COSA QUE
NO LE HAYAS PERDONADO A TU CÓNYUGE.
SUÉLTALO. DE LA MISMA MANERA EN QUE LE
PEDIMOS A JESÚS QUE PERDONE NUESTRAS
DEUDAS CADA DÍA, DEBEMOS PEDIRLE QUE NOS
AYUDE A PERDONAR A NUESTROS DEUDORES
CADA DÍA. LA FALTA DE PERDÓN LOS HA
MANTENIDO A TI Y A TU CÓNYUGE
ENCARCELADOS DURANTE MUCHO TIEMPO.
DESDE TU CORAZÓN, DI: «ELIJO PERDONAR».

___ Haz una marca aquí cuando hayas
completado el desafío de hoy.

¿Por qué perdonaste a tu cónyuge hoy? ¿Cuánto tiempo llevaste
a cuestas ese peso? Ahora que le entregaste esta cuestión a Dios,
¿qué posibilidades se te presentan?

_____

_____

_____

_____

_____

_____

Padre, perdónalos, porque no saben lo que hacen. (Lucas 23:34)

DÍA 26
El amor es responsable

Al juzgar a otros te condenas a ti mismo, pues haces precisamente lo mismo que hacen ellos. Romanos 2:1 DHH

El día de hoy será difícil; pero si buscas la fortaleza y la sabiduría de Dios, podrás lograrlo. Si lo permites, este día podría ser un hito en tu matrimonio. Así que decide concentrarte en lo que el Señor puede estar diciéndote y proponte seguir su guía.

Hoy nos referiremos a la *responsabilidad personal*. Es algo que todos reconocemos que *los demás* deberían tener, pero que *nosotros* creemos tener. A las personas cada vez les cuesta más reconocer sus propios errores. Lo vemos en la política. Lo vemos en los negocios. Lo vemos en los titulares sobre los famosos.

Sin embargo, no es solo un problema de los ricos y famosos. Para encontrar un ejemplo de alguien que tiene una excusa para cada acción, lo único que debemos hacer es mirarnos al espejo. Somos sumamente rápidos para justificar nuestras intenciones; sumamente rápidos para desviar la crítica; sumamente rápidos para criticar… en especial a nuestro cónyuge, a quien es siempre más fácil culpar.

En general, creemos que nuestra opinión es la correcta, o al menos, mucho más correcta que la de nuestro cónyuge. Y creemos que dadas las mismas circunstancias, cualquiera haría lo mismo en nuestro lugar. En lo que a nosotros respecta, hacemos lo mejor que podemos. Y nuestro cónyuge debería estar agradecido de que seamos tan buenos con él.

Sin embargo, el amor no culpa a otro

con tanta facilidad ni justifica las intenciones egoístas. No le importa demasiado su propio desempeño sino las necesidades de los demás. Cuando el amor se hace responsable de sus acciones, no lo hace para probar lo noble que has sido sino para admitir cuánto te falta por recorrer.

El amor no pone excusas. Se esfuerza por lograr un cambio: en ti y en tu matrimonio.

Por eso, la próxima vez que estés en medio de una discusión con tu cónyuge, en lugar de mejorar tus respuestas, detente a ver si hay algo que valga la pena escuchar en lo que tu cónyuge dice. ¿Qué sucedería en tu relación si en lugar de culpar al otro, admitieras primero tus propios errores? Como dicen las Escrituras: «La represión aprovecha al inteligente más que cien azotes al necio» (Proverbios 17:10 RVR1995).

El amor es responsable y está dispuesto a admitir y a corregir sus defectos y sus errores con franqueza. ¿Te haces responsable de esta persona a la cual elegiste como el amor de tu vida? ¿Buscas en forma intencional cubrir las necesidades de tu cónyuge? ¿O sólo te preocupa que él cubra las tuyas? El amor nos llama a hacernos responsables de nuestro compañero en el matrimonio. A amarlo. A honrarlo. A valorarlo.

¿Te haces cargo de tus propios errores? ¿Le has dicho o hecho algo a tu cónyuge (o a Dios) que esté mal? El amor procura una buena relación con Dios y con tu cónyuge, y así, se crea un marco para que las demás áreas se acomoden.

Quizá pase un tiempo hasta que se cree en ti un verdadero corazón arrepentido. El orgullo se resiste mucho a la responsabilidad, pero la humildad y la sinceridad ante Dios y hacia tu cónyuge son cruciales para una relación saludable.

Esto no significa que siempre estés equivocado y tu cónyuge siempre tenga la razón. No quiere decir que debas dejarte pisotear; pero si algo está mal entre tú y Dios o entre tú y tu cónyuge, debería ser tu prioridad.

«Si decimos que no tenemos pecado, nos engañamos a nosotros mismos y la verdad no está en nosotros» (1 Juan 1:8). Sin embargo, «si confesamos nuestros pecados, [Dios] es fiel y justo para perdonarnos los pecados y para limpiarnos de toda maldad» (1 Juan 1:9). En primer lugar, confiesa tus áreas de pecado; entonces, estarás en una mejor posición para resolver las cosas con tu cónyuge.

Para caminar con Dios y mantener su favor, debes permanecer limpio delante de Él. No significa que nunca puedas tropezar, sino que debes confesárselo a Dios y pedirle perdón cuando actúes mal.

¿Tu cónyuge puede decir que lo has ofendido o herido de alguna manera y que nunca le pediste perdón? En parte, hacerse responsable es admitir cuando fracasas y pedir perdón. Es hora de humillarte, corregir tus ofensas y reparar el daño. Es un acto de amor. Dios no quiere asuntos pendientes entre ustedes.

El problema es que para hacerlo con sinceridad debes tragarte el orgullo y buscar el perdón sin importar cómo responda tu cónyuge. *Debería* perdonarte, pero tu responsabilidad no depende de su decisión. Admitir tus errores es *tu* responsabilidad. Si te ha ofendido, él tendrá que lidiar con eso en otro momento.

Pídele a Dios que te muestre en dónde has fracasado en tu responsabilidad, y arregla las cosas con Él primero. Cuando lo hayas hecho, es necesario que resuelvas los problemas con tu cónyuge. Quizá sea lo más difícil que hayas hecho jamás, pero es crítico para dar el próximo paso en tu matrimonio y con Dios. Si eres sincero, quizá te sorprenda la gracia y la fortaleza que Dios te concede al dar este paso.

EL DESAFÍO DE HOY

SEPARA TIEMPO PARA ORAR POR LAS ÁREAS EN
LAS QUE HAS OBRADO MAL. PÍDELE PERDÓN
A DIOS Y LUEGO HUMÍLLATE LO SUFICIENTE
COMO PARA CONFESÁRSELAS A TU CÓNYUGE.
HAZLO CON SINCERIDAD. PÍDELE PERDÓN A
TU CÓNYUGE TAMBIÉN. SIN IMPORTAR CÓMO
RESPONDA, ASEGÚRATE DE CUMPLIR CON
TU RESPONSABILIDAD EN AMOR. AUN SI
RESPONDE CON CRÍTICA, ACÉPTALA Y RECÍBELA
COMO UN CONSEJO.

___ Haz una marca aquí cuando hayas
completado el desafío de hoy.

¿Qué necesita ver tu cónyuge para creer que tu confesión fue
más que simples palabras?

_____

_____

_____

_____

_____

_____

Que cada uno examine su propia obra [...] solamente con respecto a sí mismo (Gálatas 6:4)

DÍA 27
El amor alienta

Guarda mi alma y líbrame; no sea yo avergonzado,
porque en ti me refugio. Salmo 25:20

El matrimonio tiende a alterar nuestra visión. Entramos con la expectativa de que nuestra pareja satisfaga nuestras esperanzas y nos haga felices; pero esto es imposible para nuestro cónyuge. Las expectativas poco realistas generan desilusión. Cuanto más altas sean tus expectativas, más probable será que tu cónyuge te falle y te cause frustración.

Si una mujer espera que su esposo siempre llegue a tiempo, limpie lo que ensucia y comprenda todas sus necesidades, es probable que pase toda la vida de casada con desilusión. En cambio, si es realista y comprende que él es humano, olvidadizo y a veces desconsiderado, se alegrará más cuando *sí* sea responsable, amoroso y amable.

El divorcio es casi inevitable cuando las personas no permiten que sus cónyuges sean humanos. Así que debe haber una transición en tu forma de pensar. Debes decidir vivir guiado por el *aliento* en lugar de las *expectativas*. Más allá de tu aliento amoroso y de la intervención de Dios, es probable que en el futuro, tu cónyuge sea igual a lo que ha sido durante los últimos diez años. El amor se concentra en la responsabilidad personal y en superarse en lugar de exigir más de los demás.

Jesús lo explicó cuando habló sobre una persona que vio la «mota» en el ojo de su hermano pero no notó la «viga» del propio.

«¿O cómo puedes decir a tu hermano: "Déjame sacarte la mota del ojo", cuando la viga está en tu ojo? ¡Hipócrita! Saca primero la viga de tu ojo, y entonces verás con claridad para sacar la mota del ojo de tu hermano» (Mateo 7:4-5).

¿Tu cónyuge siente que vive con un inspector de motas? ¿Vive siempre nervioso o temeroso de no estar a la altura de tus expectativas? ¿Diría que la mayor parte de los días percibe tu desaprobación más que tu aceptación?

Quizá, tu respuesta sería decir que el problema no es tuyo sino de tu cónyuge. Si en verdad falla en muchas áreas, ¿qué culpa tienes? Los dos deben hacer todo lo posible para que el matrimonio funcione. Si tu cónyuge no quiere que seas tan crítico, necesita darse cuenta de que las cuestiones que sacas a relucir son legítimas. No dices que eres perfecto, de ninguna manera, pero deberías poder decir lo que piensas. ¿No es así?

El problema con esta clase de actitud es que pocas personas pueden responder a la crítica con completa objetividad. Cuando parece estar claro que alguien no está contento contigo (ya sea por una confrontación directa o por la aplicación de la ley del hielo) es difícil no tomar su desagrado en forma personal. En especial, en el matrimonio.

Después de todo, a diferencia de cualquier otra amistad, cuando comenzó la relación con tu cónyuge, los dos hacían lo imposible por complacer al otro. Cuando eran novios, a tu pareja le cautivaba tu personalidad. Prácticamente, no podías equivocarte. Su vida juntos era mucho más sencilla. Y aunque tu expectativa no era que las cosas fueran así para siempre, por cierto que no imaginabas que tu cónyuge fuera tan pecador y que se enojara tanto contigo. Nunca pensaste que esta persona que prometió amarte pudiera llegar a un punto en el que pareciera que ni siquiera le gustas.

Así que cuando este marcado contraste se transforma en una viva realidad, tu reacción natural es poner resistencia. Al principio de la vida de casados quizá hayas estado dispuesto a escuchar y hacer pequeños cambios. Sin embargo, con el correr de los años, la desaprobación de tu cónyuge solo parece consolidar la tuya. En lugar de lograr que corrijas las cosas, hace que quieras atrincherarte aún más.

El amor es demasiado inteligente para eso. En lugar de colocar a tu cónyuge en una postura de rebelión, el amor te enseña a darle lugar para ser él mismo. Aun si eres una persona exigente, perfeccionista e inclinada a obtener resultados, el amor te llama a no proyectar tus exigencias en el desempeño de tu cónyuge. Debes darte cuenta de que el matrimonio es una relación para disfrutar y saborear en el camino de la vida. Es una amistad única diseñada por Dios mismo, en la cual dos personas viven juntas en imperfección pero la enfrentan alentándose mutuamente, en lugar de *desalentarse*.

La Biblia dice: «Fortaleced las manos débiles y afianzad las rodillas vacilantes» (Isaías 35:3). «Anímense y edifíquense unos a otros [...] Estimulen a los desanimados, ayuden a los débiles y sean pacientes con todos» (1 Tesalonicenses 5:11,14 NVI).

¿Acaso no quieres que la vida de casado sea un lugar en el que puedas disfrutar al expresarte con libertad y crecer dentro de un ámbito seguro en donde recibas aliento aun cuando fracases? Tu pareja también lo desea, y el amor le da ese privilegio. Si tu cónyuge te ha dicho más de una vez que lo haces sentir derribado y derrotado, es necesario que tomes en serio estas palabras. Comprométete a dejar de lado cada día las expectativas poco realistas y transfórmate en el mayor alentador de tu cónyuge. Y esa persona que Dios diseñó comenzará a surgir con una nueva confianza y amor por ti.

ELIMINA DE TU HOGAR EL VENENO DE LAS
EXPECTATIVAS POCO REALISTAS. PIENSA EN
UN ÁREA EN LA CUAL TU CÓNYUGE TE HAYA
DICHO QUE ESPERAS DEMASIADO, Y DILE QUE
LAMENTAS HABERLE EXIGIDO TANTO. PROMÉ-
TELE QUE INTENTARÁS COMPRENDERLO
Y AFÍRMALE TU AMOR INCONDICIONAL.

___ Haz una marca aquí cuando hayas
completado el desafío de hoy.

Cuando esperas demasiado de tu cónyuge en áreas en las
cuales no tiene una motivación interior para superarse, ¿qué te
dice eso sobre ti? ¿De qué maneras puedes manejar mejor estas
discrepancias?

_____

_____

_____

_____

_____

_____

_____

Consideremos cómo estimularnos unos a otros al amor y a las buenas obras. (Hebreos 10:24)

DÍA 28
El amor se sacrifica

Él puso su vida por nosotros; también nosotros debemos poner nuestras vidas por los hermanos. 1 Juan 3:16

La vida puede ser difícil. Aunque, por lo general, queremos decir que *nuestra* vida puede ser difícil. Cuando a *nosotros* nos maltratan o nos causan molestias, somos los primeros en sentirlo. Con rapidez, nos ponemos de malhumor cuando somos *nosotros* los que percibimos que se nos priva de algo o no se nos aprecia. Cuando la vida nos resulta difícil, nos damos cuenta.

Sin embargo, muchas veces, la única forma de darnos cuenta de que la vida es difícil para nuestro cónyuge es cuando comienza a quejarse. Entonces, en lugar de preocuparnos de verdad o de correr a ayudar, quizá pensemos que tiene una mala actitud. No nos damos cuenta del dolor y la presión que *él* atraviesa de la misma manera que lo hacemos con *nuestro* dolor y nuestras presiones. Cuando queremos quejarnos, esperamos que todos comprendan y se compadezcan de nosotros.

Esto no sucede cuando hay amor. No es necesario que las señales evidentes de angustia despierten de un sacudón al amor. Antes de que las preocupaciones y los problemas comiencen a asediar a tu cónyuge, el amor ya se ha puesto en acción. Discierne la carga que se comienza a acumular e interviene para ayudar porque el amor quiere que seas sensible con tu cónyuge.

El amor se sacrifica. Te mantiene tan sintonizado con las necesidades de tu pareja que a menudo respondes sin que te lo pida. Y cuando no te das cuenta de antemano y tu cónyuge debe decirte lo que sucede, el amor va directamente al centro del problema.

Aun cuando la tensión de tu pareja se exterioriza en palabras de acusación personal, el amor demuestra compasión en lugar de ponerse a la defensiva. Te inspira a decir «no» a lo que quieres para decir «sí» a lo que tu cónyuge necesita.

Es lo que hizo Jesús. «Puso su vida por nosotros» para mostrarnos que «debemos poner nuestras vidas» por los demás. Nos enseñó que el amor se hace evidente al ver una necesidad en los demás y hace todo lo que puede para satisfacerla. «Porque tuve hambre, y me disteis de comer; tuve sed, y me disteis de beber; fui forastero, y me recibisteis; estaba desnudo, y me vestisteis; enfermo, y me visitasteis; en la cárcel, y vinisteis a mí» (Mateo 25:35-36).

Esta es la clase de necesidades que deberías buscar en tu esposa o tu esposo. En lugar de andar enojado porque no te trata como crees que debería, deja que el amor te saque de la autocompasión y vuelva tu atención a las necesidades de tu cónyuge.

¿Tiene «*hambre*» (te necesita sexualmente, aun cuando no tengas ganas)?

¿Tiene «*sed*» (anhela el tiempo y la atención que pareces poder darle a todos los demás)?

¿Se siente como un «*forastero*» (inseguro en su trabajo, con la necesidad de que el hogar sea un refugio y un santuario)?

¿Está «*desnudo*» (necesitado de la cálida cobertura de tu afirmación amorosa)?

¿Se siente «*enfermo*» (con cansancio físico y con la necesidad de que lo ayudes a protegerse de las interrupciones)?

¿Se siente en una «*prisión*» (temeroso y deprimido, con la necesidad de algo de seguridad e intervención)?

El amor está dispuesto a sacrificarse para estar seguro de que des lo mejor de ti para satisfacer las necesidades de tu pareja. Cuando tu cónyuge se siente abrumado y con la soga al cuello, el amor te llama a que dejes de lado lo que parece esencial en tu propia vida para ayudar, aunque más no sea con el regalo de escuchar.

A menudo, lo único que necesita es hablar de la situación. Necesita ver en tus ojos atentos que te importa de verdad lo que esto le cuesta y que quieres ayudarlo a buscar respuestas. Necesita que ores con él para saber qué hacer, y que estés pendiente de cómo van las cosas.

Las palabras «¿Cómo puedo ayudarte?» deben estar siempre en tus labios.

Quizá, la solución te resulte sencilla, o puede ser compleja y costosa, y requiera tiempo, energía y un gran esfuerzo. De cualquier manera, deberías hacer todo lo que puedas para satisfacer las verdaderas necesidades de la persona que es parte de tu ser. Después de todo, cuando la ayudas, también te ayudas a ti mismo. Es lo bueno de sacrificarte por tu cónyuge. Jesús lo hizo por nosotros. Y nos da la gracia para hacerlo por los demás.

Cuando los creyentes del Nuevo Testamento comenzaron a caminar en amor, su vida juntos se caracterizaba por compartir las cosas y por el sacrificio. Su motivación era alabar al Señor y servir a su pueblo. «Todos los que habían creído estaban juntos y tenían todas las cosas en común; vendían todas sus propiedades y sus bienes y los compartían con todos, según la necesidad de cada uno» (Hechos 2:44-45). Como le dijo Pablo a una de estas iglesias más adelante: «Y yo muy gustosamente gastaré lo mío, y aun yo mismo me gastaré por vuestras almas» (2 Corintios 12:15). Las vidas que han sido resucitadas por el sacrificio de Jesús deberían estar listas y dispuestas a hacer sacrificios diarios para satisfacer las necesidades de los demás.

EL DESAFÍO DE HOY

¿CUÁL ES LA MAYOR NECESIDAD EN LA VIDA
DE TU CÓNYUGE EN ESTE MOMENTO?
¿PUEDES SACARLE ALGUNA NECESIDAD DE
LOS HOMBROS SI HACES UN SACRIFICIO
AUDAZ? NO IMPORTA SI LA NECESIDAD ES
GRANDE O PEQUEÑA, PROPONTE HACER LO
QUE PUEDAS PARA SATISFACERLA.

___ Haz una marca aquí cuando hayas
completado el desafío de hoy.

¿Qué parte del estrés de tu cónyuge se produce por tu falta
de preocupación o de iniciativa? Cuando expresaste tu deseo
de ayudar, ¿cómo lo recibió? ¿Puedes cubrir alguna otra
necesidad?

_____

_____

_____

_____

_____

_____

_____

_____

Llevad los unos las cargas de los otros, y cumplid así la ley de Cristo. (Gálatas 6:2)

Día 29
La motivación del amor

Servid de buena voluntad, como al Señor y no a los hombres.
Efesios 6:7

No hace falta demasiada experiencia para descubrir que tu cónyuge no siempre motivará tu amor. Es más, muchas veces lo *desmotivará*. Más veces de las que quisieras, parecerá difícil encontrar la inspiración para demostrar tu amor. Quizá ni siquiera lo reciba cuando intentes expresarlo. Así es la naturaleza de la vida, incluso en matrimonios bastante saludables.

Sin embargo, aunque los cambios de humor y los sentimientos pueden crear toda clase de objetivos para la motivación, podemos estar seguros de que uno permanecerá siempre en el mismo lugar. Cuando Dios es tu razón para amar, tu capacidad de amar está garantizada. Esto se debe a que el amor viene de su parte.

Piénsalo de la siguiente manera. Cuando eras un niño, tus padres establecían reglas a seguir. Te ibas a dormir a cierta hora, tu habitación debía estar bastante limpia. Debías terminar la tarea escolar antes de poder jugar… Si eres como la mayoría de las personas, te apartabas de las reglas tanto como las obedecías. Y de no ser por el incentivo de la fuerza y las penitencias, quizá no las hubieras obedecido nunca; pero si en el camino conociste a Cristo o recibiste alguna enseñanza bíblica, es probable que hayas escuchado esta idea: «Hijos, sed obedientes a vuestros padres en todo, porque esto es agradable al Señor» (Colosenses 3:20). Si lo tomaste en serio, sabías que ya no solo debías responder a tus padres.

Dejó de ser una batalla de voluntades entre ti y una figura de autoridad de carne y hueso. Ahora, debías responderle a Dios. Tu mamá y tu papá eran simplemente los intermediarios.

Sin embargo, resulta que la relación entre padres e hijos no es lo único que mejora cuando dejas que Dios sea tu motivación. Considera las siguientes áreas en las que agradarle debería transformarse en tu objetivo:

El trabajo. «Todo lo que hagáis, hacedlo de corazón, como para el Señor y no para los hombres» (Colosenses 3:23).

El servicio. «Obedeced en todo a vuestros amos en la tierra, no para ser vistos, como los que quieren agradar a los hombres, sino con sinceridad de corazón, temiendo al Señor» (Colosenses 3:22).

Todo. Es necesario esforzarse en «todo lo que hagáis [...] sabiendo que del Señor recibiréis la recompensa de la herencia. Es a Cristo el Señor a quien servís» (Colosenses 3:23-24).

Aun el matrimonio. «Mujeres, estad sujetas a vuestros maridos, como conviene en el Señor» (Colosenses 3:18). «Maridos, amad a vuestras mujeres, así como Cristo amó a la iglesia y se dio a sí mismo por ella» (Efesios 5:25).

El amor que se exige de tu parte en el matrimonio no depende de la dulzura ni de lo adecuado de tu cónyuge. El amor entre esposo y esposa debería tener un objetivo principal: honrar al Señor con devoción y sinceridad. La bendición que recibe nuestro amado en el proceso es simplemente un maravilloso beneficio adicional.

Este cambio de visión y perspectiva es crucial para un cristiano. Poder despertarte sabiendo que Dios es tu fuente y tu provisión (no solo para tus propias necesidades sino también para las de tu cónyuge) cambia por completo el fundamento para interactuar con tu pareja.

Esta persona imperfecta ya no decide cuánto amor

mostrarás, sino que tu Dios perfecto en todo es el que puede usar aun a una persona con fallas como tú para otorgar favor amoroso a otra.

¿Se ha vuelto difícil convivir con tu esposa últimamente? ¿Su lentitud para superar un desacuerdo te está agotando la paciencia? ¿No puede parar un poco? No le niegues tu amor solo porque no piensa como tú. Ámala «como al Señor».

¿Tu esposo te deja de lado, no dice demasiado y parece estar meditando en algo de lo que no quiere hablar? ¿Te sientes herida por su falta de disposición a abrirse? ¿Estás cansada de que sea tan brusco contigo y que ni siquiera les responda bien a los niños? No reacciones con una doble dosis de silencio y desinterés. Ámalo de todas formas «como al Señor».

El amor al cual solo lo motiva el deber no puede resistir demasiado. Y el amor al cual solo lo motivan las condiciones favorables nunca puede estar seguro de recibir suficiente oxígeno como para seguir respirando. Solo el amor que se eleva como ofrenda a Dios (que se le devuelve en gratitud por todo lo que ha hecho) puede sostenerse cuando todas las demás razones han perdido la capacidad de vigorizarnos.

A las personas que no les importa tener un matrimonio mediocre pueden dejar el amor librado al azar y esperar lo mejor. En cambio, si estás comprometido a darle a tu cónyuge el mejor amor que puedas, es necesario aspirar a la motivación suprema del amor. El amor que tiene a Dios como su objetivo principal puede alcanzar alturas inimaginables.

ANTES DE VOLVER A VER A TU CÓNYUGE HOY, ORA POR ÉL MENCIONANDO SU NOMBRE Y SUS NECESIDADES. SIN IMPORTAR SI TE RESULTA FÁCIL O NO, DI «TE AMO» Y LUEGO EXPRESA AMOR POR TU PAREJA DE ALGUNA MANERA TANGIBLE. VUELVE A ORAR Y AGRADÉCELE A DIOS POR DARTE EL PRIVILEGIO DE AMAR A ESTA PERSONA ESPECIAL... EN FORMA INCONDICIONAL, COMO ÉL LOS AMA A LOS DOS.

___ Haz una marca aquí cuando hayas completado el desafío de hoy.

¿Cómo afectará este cambio de motivación la relación y tus reacciones? ¿Qué te inspira a hacer? ¿Qué te inspira a dejar de hacer?

_____

_____

_____

_____

_____

_____

_____

Pero yo y mi casa, serviremos al Señor. (Josué 24:15)

DÍA 30
El amor trae unidad

Padre santo, guárdalos en tu nombre, el nombre que me has dado,
para que sean uno, así como nosotros. Juan 17:11

Algo asombroso de la Biblia es la manera en la que está
unida, con temas coherentes en todo su contenido, desde
principio a fin. Aunque se escribió en un período de 1600
años y fue compuesta por más de 40 escritores de distintos
trasfondos y con distintos niveles de habilidad, Dios la inspiró
en forma soberana con una voz unida. Y hoy sigue hablando a
través de ella sin salirse del mensaje.

Unidad. Unión. Homogeneidad.

Son los distintivos inquebrantables de nuestro Dios.

Desde el principio de los tiempos, vemos su unidad a través
de la Trinidad: Padre, Hijo y Espíritu Santo. Dios el Padre estaba
allí, creando los cielos y la tierra. El Espíritu «se movía sobre
la superficie de las aguas» (Génesis 1:2). Y el Hijo, que es «el
resplandor de su gloria y la expresión exacta de su naturaleza»
(Hebreos 1:3), se une a la creación del mundo por la palabra.
«Hagamos al hombre a nuestra imagen, conforme a nuestra
semejanza» (Génesis 1:26).

Hagamos. Nuestra.

Los tres están en perfecta unidad de visión y propósito.

Más adelante, vemos a Jesús que se levanta de las aguas del
bautismo, mientras el Espíritu desciende como una paloma y
el Padre anuncia en esta escena majestuosa: «Este es mi Hijo
amado en quien me he complacido» (Mateo 3:17).

En otro momento, Jesús dice: «Porque he
descendido del cielo, no para hacer mi

voluntad, sino la voluntad del que me envió» (Juan 6:38). Su deseo de responder las oraciones de sus seguidores es «para que el Padre sea glorificado en el Hijo» (Juan 14:13). Le pide al Padre que envíe al Espíritu Santo, sabiendo que el Espíritu testificará fielmente sobre el Hijo que ama, ya que «nadie conoce los pensamientos de Dios sino el Espíritu de Dios» (1 Corintios 2:11 NVI).

El Padre, el Hijo y el Espíritu Santo tienen una unión impecable. Se sirven, se aman y se honran. Aunque son iguales, se gozan cuando uno recibe alabanza. Aunque son distintos, son uno, indivisible.

Y como esta relación es tan especial (representativa de la inmensidad y el esplendor de Dios), Él ha elegido dejarnos experimentar uno de sus aspectos. En la relación única entre esposo y esposa, dos personas distintas se unen espiritualmente en «una sola carne» (Génesis 2:24). Y «lo que Dios ha unido, que no lo separe el hombre» (Marcos 10:9 NVI).

De hecho, este misterio es tan imperioso (y el amor entre los esposos está tan ligado y completo) que Dios usa la imagen del matrimonio para explicar su amor por la iglesia.

La iglesia (la novia) se siente sumamente honrada cuando se alaba y se celebra a su Salvador. Cristo (el novio), quien se ha entregado por ella, se siente realmente honrado cuando la ve «como una iglesia radiante, sin mancha ni arruga ni ninguna otra imperfección, sino santa e intachable» (Efesios 5:27 NVI). Tanto Cristo como la iglesia se aman y se honran mutuamente.

Es lo hermoso de la unidad.

Esposo: ¿Qué sucedería en tu matrimonio si te dedicaras a amar, honrar y servir a tu esposa en todas las cosas? ¿Qué pasaría si decidieras que vale la pena cada sacrificio y expresión de amor que puedas hacer para conservar tu unidad con esta mujer? ¿Qué cambiaría en tu hogar si adoptaras este enfoque en la relación cada día?

Esposa: ¿Qué sucedería si te propusieras como misión hacer todo lo posible para fomentar la unidad de corazón con tu esposo? ¿Qué pasaría si trataras cada amenaza a la unidad como veneno, como un cáncer, como un enemigo que el amor, la humildad y la generosidad tienen que eliminar? ¿En qué se transformaría tu matrimonio si nunca más estuvieras dispuesta a que se destruyera la unidad entre ustedes?

La unidad de la Trinidad, desde antes del inicio de la historia y proyectándose hacia el futuro, es la evidencia del poder de la unidad. Es irrompible. No tiene fin. Y es la misma realidad espiritual que se mimetiza en la forma de tu hogar y tu dirección postal. Aunque aparezca pintada con los colores de los horarios del trabajo, las visitas al doctor y las idas a la tienda de comestibles, la unidad es el hilo eterno que atraviesa la experiencia diaria de lo que llamas «tu matrimonio», dándole un propósito para defender de por vida.

Por lo tanto, ama a esta persona que forma parte de tu cuerpo tanto como tú. Sirve a esta persona cuyas necesidades no pueden separarse de las tuyas. Hónrala porque cuando la elevas al pedestal de tu amor, también te eleva a los ojos de Dios, todo al mismo tiempo.

EL DESAFÍO DE HOY

OBSERVA UNA CAUSA DE DIVISIÓN EN TU
MATRIMONIO Y CONSIDERA EL DÍA DE HOY
COMO UNA NUEVA OPORTUNIDAD PARA ORAR
AL RESPECTO. PÍDELE AL SEÑOR QUE TE
REVELE CUALQUIER ACTITUD DE TU CORAZÓN
QUE ESTÉ AMENAZANDO LA UNIDAD CON TU
CÓNYUGE. ORA PARA QUE HAGA LO MISMO
CON ÉL. Y SI CORRESPONDE, HABLA CON
FRANQUEZA SOBRE ESTA CUESTIÓN, BUSCANDO
A DIOS PARA HALLAR LA UNIDAD.

___ Haz una marca aquí cuando hayas
completado el desafío de hoy.

¿El Señor te abrió los ojos a algo nuevo que pueda estar
alimentando esta área de desacuerdo? ¿Cómo piensas
responder? ¿Qué esperas que Dios haga en tu cónyuge
también?

_____

_____

_____

_____

_____

_____

El Señor es nuestro Dios, el Señor uno es. (Deuteronomio 6:4)

Día 31
El amor y el matrimonio

El hombre dejará a su padre y a su madre y se unirá a su mujer,
y serán una sola carne. Génesis 2:24

Este versículo es el proyecto original de Dios para el
funcionamiento correcto del matrimonio. Supone una
separación y un tejido de unión. Reconfigura las relaciones
existentes mientras establece una completamente nueva. El
matrimonio cambia todo.

Por eso, las parejas que no toman en serio este mensaje de
«partida» y «apego» cosecharán las consecuencias más adelante,
cuando les sea mucho más difícil reparar los problemas sin
herir a alguien.

«Partir» significa que rompes un vínculo natural. Tus
padres pasan a cumplir la función de consejeros a quienes hay
que respetar, pero ya no pueden decirte qué hacer. A veces, la
dificultad para ponerlo en práctica viene de la fuente original.
Quizá, un padre no esté preparado para soltarte de su control y
sus expectativas. Ya sea con una dependencia poco saludable o
con luchas interiores por el nido vacío, los padres no siempre
asumen su parte de la responsabilidad. En estos casos, el hijo
adulto debe tomar la valiente decisión de «partir» por su
cuenta. Y demasiadas veces, esta separación no se hace bien.

¿Tienes problemas sin resolver con tu cónyuge por
no cortar el cordón? ¿Alguno de sus padres sigue creando
problemas en tu hogar, quizá sin siquiera saberlo? ¿Qué debe
suceder para frenar esto antes de que cree una división
demasiado grande en tu matrimonio?

La unidad es una característica del

matrimonio que debe protegerse a toda costa. Por supuesto, el propósito de la «partida» no es abandonar todo contacto con el pasado, sino preservar la unidad única para la cual está diseñado el matrimonio. Solo en unidad puedes transformarte en todo lo que Dios quiere que seas.

Si estás demasiado unido a tus padres, la identidad singular de tu matrimonio no podrá florecer. Siempre permanecerás frenado y una raíz de división brotará continuamente en tu relación. Esto no se acabará a menos que hagas algo al respecto; porque sin la «partida» no puedes lograr el «apego» que necesitas, la unión de los corazones, imprescindible para experimentar la unidad.

«Apego» lleva la idea de buscar y atrapar a alguien, y aferrarse a esa persona como tu nueva roca de refugio y seguridad. Este hombre es ahora el líder espiritual de tu nuevo hogar, y tiene la responsabilidad de amarte «así como Cristo amó a la iglesia y se dio a sí mismo por ella» (Efesios 5:25). Esta mujer está ahora unida a ti, llamada a respetar a su marido (Efesios 5:33).

Como resultado de este proceso esencial, ahora son libres para transformarse en lo que Dios quiso cuando los declaró «una sola carne».

* Pueden lograr la unidad en sus *decisiones*, aun cuando comiencen con puntos de vista opuestos.

* Pueden lograr la unidad en sus *prioridades*, aunque vengan de trasfondos que no podrían ser más distintos.

* Pueden lograr la unidad en el *afecto sexual* mutuo, aunque uno de ustedes o los dos tengan recuerdos de impureza de su pasado prematrimonial.

La decisión de Dios de transformarlos en «una sola carne»

en el matrimonio puede lograr que todo sea posible.

Si las cosas no funcionan así en tu matrimonio en este momento, por desgracia, te encuentras dentro de la mayoría. Es común que las parejas de toda clase (incluso las cristianas) ignoren el diseño de Dios para el matrimonio, pensando que saben más que Él. Génesis 2:24 quizá haya parecido agradable y noble cuando dijeron sus votos en la boda. Sin embargo, como un principio fundamental para poner en práctica y vivir de acuerdo a él... parece demasiado difícil. A pesar de esto, debes hacer cualquier sacrificio para reclamar justamente esto.

Es difícil (sumamente difícil) cuando la búsqueda de la unidad es principalmente unilateral. Quizá, a tu cónyuge no le interese para nada recapturar la unidad que tenían al principio. Aunque sí haya algún deseo de su parte, tal vez todavía existan problemas entre ustedes que ni se acercan a una resolución.

No obstante, si mantienes una pasión por la unidad presente en tu mente y tu corazón, con el tiempo, la relación comenzará a reflejar el diseño ineludible de «una sola carne» que está impreso en su ADN. No es necesario que lo busques. Ya está allí, pero debes ponerlo en práctica, o no podrás esperar otra cosa que la desunión.

Parte. Apégate. Y atrévete a caminar en unidad.

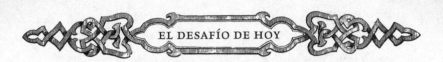

¿TODAVÍA HAY ALGUNA ÁREA EN LA QUE NO HAYAS SIDO LO SUFICIENTEMENTE VALIENTE COMO PARA «PARTIR»? CONFIÉSALA A TU CÓNYUGE HOY MISMO Y DECIDE SOLUCIONARLA. LA UNIDAD DE TU MATRIMONIO DEPENDE DE ESO. LUEGO, COMPROMÉTETE CON TU CÓNYUGE Y CON DIOS A TRANSFORMAR TU MATRIMONIO EN LA PRIORIDAD SOBRE TODA OTRA RELACIÓN HUMANA.

___ Haz una marca aquí cuando hayas completado el desafío de hoy.

¿Te ha resultado difícil lidiar con esta situación? ¿Cómo ha afectado tu relación? Si el peor infractor en esta área es tu cónyuge (con tus suegros), ¿cómo puedes lograr con amor una situación mejor?

_____

_____

_____

_____

_____

_____

Que todos sean uno. Como tú, oh Padre, estás en mí y yo en ti. (Juan 17:21)

El amor satisface las necesidades sexuales

Que el marido cumpla su deber para con su mujer, e igualmente la mujer lo cumpla con el marido. 1 Corintios 7:3

Algunas personas creen que la Biblia no tiene nada bueno para decir con respecto al sexo, como si lo único que le importara a Dios fuera decirnos cuándo no practicarlo y con quién no practicarlo. Sin embargo, en realidad, la Biblia tiene mucho para decir con respecto al sexo y a la bendición que puede ser tanto para el esposo como para la esposa. Aun sus límites y restricciones son las maneras en las que Dios mantiene nuestras experiencias sexuales en un nivel que va mucho más allá del que aparece en la televisión o en las películas.

En el matrimonio cristiano, el romance debe prosperar y florecer. Después de todo, fue creado por Dios. Todo es parte de celebrar lo que Dios nos ha dado, al transformarnos en uno con nuestro cónyuge mientras a la vez buscamos la pureza y la santidad. Él se deleita en nosotros cuando esto sucede.

Por ejemplo, el Cantar de los Cantares, aunque a veces se malinterpreta como nada más que una alegoría sobre la pasión de Dios por su pueblo, es en realidad una hermosa historia de amor. Describe los actos sexuales entre un esposo y una esposa con detalles poéticos, mostrando cómo responden el uno al otro. Expresa cómo la sinceridad y la comprensión en las cuestiones sexuales llevan a una vida de amor seguro juntos.

Es verdad que el sexo es solo un aspecto del matrimonio. Sin embargo, con el tiempo, es probable que uno de ustedes valore su importancia más que el otro. Entonces, la naturaleza de la unidad matrimonial entre ambos se verá amenazada y en peligro.

Una vez más, el fundamento bíblico del matrimonio se expresó originalmente en la creación de Adán y Eva. Ella fue creada para ser «una ayuda idónea» para él (Génesis 2:18). La unidad de su relación y de sus cuerpos físicos era tan fuerte, que se dijo que se transformaron en «una sola carne» (Génesis 2:24). Esta misma unidad es el distintivo de todo matrimonio. En el acto del romance, unimos nuestros corazones en una expresión de amor que no puede ser igualada por ninguna otra forma de comunicación. Por eso, el lecho matrimonial debe ser «sin mancilla» (Hebreos 13:4). No debemos compartir esta misma experiencia con nadie más.

Sin embargo, somos débiles. Y cuando no se satisface esta necesidad legítima (cuando se la trata como algo egoísta y exigente de parte del otro) nuestro corazón queda expuesto a ser atraído fuera del matrimonio, con la tentación de satisfacer este anhelo en otra parte, de alguna otra manera.

Para contrarrestar esta tendencia, Dios estableció el matrimonio con una mentalidad de «una sola carne». «La mujer no tiene autoridad sobre su propio cuerpo, sino el marido. Y asimismo el marido no tiene autoridad sobre su propio cuerpo, sino la mujer» (1 Corintios 7:4).

El sexo no debe usarse para negociar. No es algo que Dios nos permita retener sin consecuencia. Aunque sin duda puede abusarse de este marco diseñado por Dios, el matrimonio se trata de entregarnos mutuamente para satisfacer las necesidades del otro.

El sexo es una oportunidad que Dios nos da para hacer esto.

Así que «no os privéis el uno del otro –advierte la Biblia– excepto de común acuerdo y por cierto tiempo, para dedicaros

a la oración; volved después a juntaros a fin de que Satanás
no os tiente por causa de vuestra falta de dominio propio»
(1 Corintios 7:5).

Eres la única persona llamada y designada por Dios para
satisfacer las necesidades sexuales de tu cónyuge. Si permites
que se cree una distancia entre ustedes en este ámbito, que se
pierda el entusiasmo, estás tomando algo que le pertenece a tu
cónyuge por derecho (y en forma exclusiva). Si le dejas saber a
tu pareja (por medio de palabras, acciones o inactividad) que el
sexo depende exclusivamente de tu deseo, le quitas el honor y
el afecto que han sido establecidos según un mandato bíblico.
No respetas la unidad de «una sola carne» del matrimonio.

Así que, más allá de que te identifiques del lado del que
sufre la privación o de quien la provoca, debes saber que el
plan de Dios para ti es llegar a un acuerdo; pero también debes
saber que no lograrás llegar a este punto con resentimientos,
peleas ni exigencias. El amor es la única manera de reestablecer
la unión de afecto entre ustedes. Todas las cuestiones que
este libro supone (la paciencia, la amabilidad, el espíritu de
sacrificio, la consideración, la protección, el honor, el perdón)
cumplirán un rol en la renovación de tu intimidad sexual.
Cuando el amor de Cristo es el fundamento de tu matrimonio,
la intensidad de la amistad y de la relación sexual entre ustedes
puede disfrutarse a un nivel que este mundo no conoce.

Dios ha declarado: «Por precio habéis sido comprados»
(1 Corintios 6:20). Puso los ojos en ti e hizo todo lo posible para
atraerte y para que lo desearas. Ahora es tu turno de pagar el
precio de amor para ganar el corazón de tu cónyuge. Cuando
lo hagas, disfrutarás del puro deleite que fluye cuando el sexo
se practica por las razones adecuadas. Y como si fuera poco,
también tendrás la oportunidad de glorificar a Dios en tu
cuerpo (1 Corintios 6:20). ¡Qué hermoso!

EL DESAFÍO DE HOY

Si es posible, intenta hoy iniciar la relación sexual con tu cónyuge. Hazlo de una manera que honre lo que tu cónyuge te haya dicho (o te haya dado a entender) con respecto a lo que necesita de ti en el área sexual. Pídele a Dios que los dos puedan disfrutarlo y que se transforme en un camino hacia una mayor intimidad.

___ Haz una marca aquí cuando hayas completado el desafío de hoy.

¿Fue una experiencia satisfactoria para ti? Si no salió como esperabas, ¿qué crees que complica la situación? ¿Has puesto esta cuestión en oración? Si fue una verdadera bendición para ambos, ¿qué puedes aprender de esto para el futuro?

_____

_____

_____

_____

_____

_____

¡Qué hermosa y qué encantadora eres, amor mío! (Cantar de los Cantares 7:6)

Día 33
El amor completa al otro

Si dos se acuestan juntos se mantienen calientes,
pero uno solo ¿cómo se calentará? Eclesiastés 4:11

Dios crea el matrimonio al tomar a un hombre y una mujer y unirlos como una sola cosa. Y aunque, si es necesario, el amor debe estar dispuesto a actuar en forma independiente, siempre es mejor cuando no se interpreta como solista. El amor puede funcionar por su cuenta cuando no hay otra manera, pero hay «un camino más excelente» (1 Corintios 12:31). Además, el amor no se atreve a dejar de amar antes de llegar a ese punto.

Esta cualidad del amor que completa al otro se le reveló a la humanidad desde el principio. Dios creó la raza humana con un hombre y una mujer: dos diseños similares pero complementarios, hechos para funcionar en armonía.

Nuestros cuerpos están hechos el uno para el otro. Nuestros caracteres y temperamentos proporcionan equilibrio, y nos permiten completar las tareas con más eficacia. Nuestra unidad puede producir hijos, y nuestro trabajo en equipo es la mejor manera de criarlos para que tengan salud y madurez. En donde uno es débil, el otro es fuerte. Cuando uno necesita que lo edifiquen, el otro está preparado para realzar y animar. Multiplicamos las alegrías mutuas y dividimos las penas mutuas.

Las Escrituras dicen: «Más valen dos que uno solo, pues tienen mejor remuneración por su trabajo. Porque si uno de ellos cae, el otro levantará a su compañero; pero ¡ay del que cae cuando no hay otro que lo levante!» (Eclesiastés 4:9,10). Lo mismo sucede con tus dos manos, las cuales no solo coexisten juntas, sino que multiplican la efectividad de la otra. Para hacer lo que hacen, ninguna está completa sin la otra.

Aunque nuestras diferencias pueden a menudo ser la fuente de malentendidos y conflictos, han sido creadas por Dios y pueden ser bendiciones constantes si las respetamos.

Por ejemplo, quizá uno de ustedes cocine mejor, mientras que el otro sea más meticuloso para lavar los platos. Uno quizá sea más dulce y pueda mantener la paz entre los miembros de la familia, mientras que el otro maneja la disciplina en forma más directa y eficaz. Uno quizá tenga una buena mentalidad de negocios pero necesita que el otro le recuerde que debe ser generoso.

Cuando aprendemos a aceptar estas distinciones en nuestra pareja, podemos evitar la crítica y pasar directamente a ayudar y apreciar al otro.

Sin embargo, algunos parecen no poder superar las diferencias de su pareja. Y como resultado, pierden muchas oportunidades. No aprovechan la singularidad que hace que cada uno sea más eficaz cuando incluye a su cónyuge.

Un ejemplo de la Biblia es Poncio Pilato, el gobernador romano que presidió el juicio de Jesús. Ignoraba quién era Cristo y a pesar de que sabía que era un error, permitió que la multitud lo influenciara para crucificar a Jesús.

Sin embargo, la esposa de Pilato era más sensible a lo que en realidad estaba sucediendo y se le acercó en pleno tumulto para advertirle que estaba cometiendo un error. «Y estando él sentado en el tribunal, su mujer le mandó aviso, diciendo: No tengas nada que ver con ese justo, porque hoy he sufrido mucho en sueños por causa de Él» (Mateo 27:19).

Aparentemente, era una mujer de gran discernimiento, quien comprendió la magnitud de estos acontecimientos antes que su esposo. Sin duda, la soberanía de Dios estaba allí y nada podría haber impedido que su Hijo marchara en obediencia a la cruz por nosotros. Sin embargo, el rechazo de Pilato a la intuición de su esposa revela un lado lamentable de la naturaleza del hombre que a menudo se minimiza. Dios hizo a las esposas para que completen a sus esposos, y les da un discernimiento que muchas veces los hombres no tienen. Si se ignora, a menudo es en perjuicio del hombre que toma la decisión.

La efectividad de tu matrimonio depende de que los dos trabajen juntos. ¿Debes tomar decisiones importantes con respecto a las finanzas o a tus planes de jubilación? ¿Tienes un verdadero problema con un compañero de trabajo a quien cada vez te cuesta más tratar, y no sabes cómo actuar correctamente? ¿Estás totalmente convencido de que las decisiones educativas para tus hijos están bien, sin importar lo que piense tu cónyuge?

No intentes analizar las cosas solo. No le quites a tu pareja el derecho de expresar su opinión en cuestiones que afectan a ambos. El amor comprende que Dios los ha juntado a propósito. Y aunque quizá al final no estés de acuerdo con las opiniones de tu cónyuge, de todas formas deberías respetar su visión y considerarla con detenimiento. Esto honra el diseño de Dios para tu relación y protege la unidad que Él quiso que hubiera.

Juntos, son mejores que sus partes independientes. Se necesitan. Se completan.

RECONOCE QUE TU CÓNYUGE ES ESENCIAL
PARA TU ÉXITO EN EL FUTURO. HOY MISMO,
DÉJALE SABER QUE DESEAS INCLUIRLO EN TUS
PRÓXIMAS DECISIONES, Y QUE NECESITAS SU
OPINIÓN Y SU CONSEJO. SI EN EL PASADO
HAS IGNORADO SUS APORTES, ADMITE TU
DESCUIDO Y PÍDELE QUE TE PERDONE.

___ Haz una marca aquí cuando hayas
completado el desafío de hoy.

¿Qué decisiones próximas pueden tomar juntos? ¿Qué
aprendiste hoy sobre el papel de tu cónyuge?

_____

_____

_____

_____

_____

_____

_____

_____

Vestíos de amor, que es el vínculo de la unidad. (Colosenses 3:14)

Día 34
El amor celebra la piedad

[El amor] no se regocija de la injusticia,
sino que se alegra con la verdad. 1 Corintios 13:6

Desde que cierras tu Biblia por la mañana, casi todo lo que encuentres a lo largo del día querrá apartarte de sus verdades. Las opiniones de tus compañeros de trabajo, la cobertura periodística de la televisión, los sitios que visitas en la Red, las diferentes tentaciones del día: estas y otras cuestiones harán horas extras para moldear tus ideas de lo que es verdadero y más deseable en la vida.

Te dirán que tener una esposa muy atractiva que se vista para llamar la atención de los demás hombres está bien. Te dirán que las malas palabras y la inmoralidad de las películas están bien para las personas maduras. Dirán que la iglesia no es importante para la vida de una persona; que cada uno debe encontrar a Dios a su manera.

Hablarán mucho. Y lo dirán tan fuerte y con tanta frecuencia que si no tenemos cuidado, podemos comenzar a creer que las cosas deberían ser como ellos dicen. Podemos empezar a valorar lo que los demás valoran y a pensar de la misma manera que todos.

Sin embargo, el significado de la «vida real» cambia en forma drástica cuando comprendemos que la Palabra de Dios es la expresión suprema de la vida real. Las enseñanzas que contiene no son solo buenas conjeturas sobre lo que debería ser importante. Son principios que reflejan cómo son las cosas en verdad, la manera en que Dios creó la vida. Sus ideales e instrucciones son los únicos caminos hacia la verdadera bendición y cuando vemos que las personas los siguen en obediencia al Señor, deberíamos regocijarnos.

¿Qué te enorgullece más de tu esposo? ¿Te enorgullece cuando vuelve a casa con un trofeo del torneo de golf de la empresa, o cuando reúne a la familia antes de la hora de dormir para orar juntos y leer la Palabra?

¿Qué te hace rebosar de alegría con respecto a tu esposa? ¿Verla probar una nueva técnica de pintura en la habitación de los niños o verla perdonar al vecino cuyo perro le desenterró las plantas?

Eres una de las personas con más influencia en la vida de tu cónyuge. ¿Has usado esa influencia para llevarlo a honrar a Dios o para deshonrarlo?

El amor se regocija más en las cosas que agradan a Dios. Cuando tu pareja crece en el carácter cristiano, persevera en la fe, busca la pureza, da y sirve con alegría (se vuelve responsable en el ámbito espiritual dentro del hogar) la Biblia dice que deberíamos celebrarlo. La palabra «regocija» de 1 Corintios 13:6 tiene la idea de estar sumamente emocionado, alentando a tu cónyuge con energía por lo que está permitiendo que Dios logre en su vida.

El apóstol Pablo, quien ayudó a establecer y ministrar a muchas de las iglesias del primer siglo, escribió en sus cartas cuánto placer le producía escuchar sobre la fidelidad de las personas y su crecimiento en Jesús. «Siempre tenemos que dar gracias a Dios por vosotros, hermanos, como es justo, porque vuestra fe aumenta grandemente, y el amor de cada uno de vosotros hacia los demás abunda más y más; de manera que nosotros mismos hablamos con orgullo de vosotros entre las iglesias de Dios, por vuestra perseverancia y fe en medio de todas las persecuciones y aflicciones que soportáis» (2 Tesalonicenses 1:3-4).

El apóstol Juan, quien había estado cerca de Jesús y se había transformado en uno de los principales líderes de la iglesia primitiva, les escribió una vez a sus discípulos: «No tengo mayor gozo que éste: oír que mis hijos andan en la verdad» (3 Juan 4).

Esto debería ser lo que nos vigoriza cuando vemos que se manifiesta en nuestro cónyuge. Más que cuando ahorra dinero en alimentos. Más que cuando tiene éxito en el trabajo. A veces, al aceptar la opinión de la cultura moderna sobre qué celebrar de nuestro cónyuge, podemos incluso ser culpables de alentarlo a pecar: quizá alimentando la vanidad o las actitudes machistas.

Sin embargo, «el amor no se regocija de la injusticia»... ni de la nuestra ni de la de nuestra pareja. En cambio, el amor «se alegra con la verdad», así como Pablo se alegró cuando le dijo a la iglesia romana: «La noticia de vuestra obediencia se ha extendido a todos; por tanto, me regocijo por vosotros, pero quiero que seáis sabios para lo bueno e inocentes para lo malo» (Romanos 16:19). Sabía que la búsqueda de la piedad, la pureza y la fidelidad era la única manera de que encontraran gozo y la satisfacción suprema. Ser «sabios» para la santidad e «inocentes» con respecto al pecado (permanecer sin cansarnos y sin transigir en el viaje de la vida) es la manera de ganar a los ojos de Dios.

¿Y qué más podríamos desear para nuestro cónyuge que experimente lo mejor de Dios en la vida?

Alégrate con cualquier logro que disfrute tu pareja; pero guarda tus felicitaciones más calurosas para cuando honre a Dios con su adoración y su obediencia.

EL DESAFÍO DE HOY

BUSCA UN EJEMPLO ESPECÍFICO Y RECIENTE DE CUANDO TU CÓNYUGE HAYA DEMOSTRADO EL CARÁCTER CRISTIANO DE UNA MANERA EVIDENTE. EN ALGÚN MOMENTO DEL DÍA, ELÓGIALO POR ESTO.

___ Haz una marca aquí cuando hayas
completado el desafío de hoy.

¿Qué ejemplo elegiste reconocer? ¿De qué otras maneras
podrías celebrar su crecimiento en la piedad? ¿Cómo podrías
alentarlo a perseverar en ella?

_____

_____

_____

_____

_____

_____

_____

_____

_____

_____

En la integridad de mi corazón andaré dentro de mi casa. (Salmo 101:2)

DÍA 35
El amor rinde cuentas

Cuando falta el consejo, fracasan los planes; cuando abunda el consejo, prosperan. Proverbios 15:22 NVI

Los árboles gigantescos de secoya se elevan cientos de metros en el aire y resisten presiones ambientales intensas. Los rayos pueden golpearlos, pueden soplar vientos intensos y los incendios forestales pueden arder a su alrededor. Sin embargo, la secoya resiste firme, y se fortalece durante las pruebas.

Uno de los secretos de la fuerza de este árbol gigante es lo que sucede bajo la superficie. A diferencia de muchos árboles, se extiende hacia afuera y entrelaza sus raíces con las secoyas que lo rodean. Cada uno recibe poder y refuerzos con la fortaleza de los demás.

El secreto de la secoya también es una clave para mantener un matrimonio fuerte y saludable. La pareja que enfrenta problemas sola tiene más probabilidades de derrumbarse en los momentos difíciles. Sin embargo, las que entrelazan sus vidas en una red de otros matrimonios fuertes, aumentan en forma radical sus posibilidades de sobrevivir a la tormenta más intensa. Es fundamental que los esposos busquen consejos piadosos, amistades saludables y mentores experimentados.

Todos necesitamos el consejo sabio a lo largo de la vida. Las personas sabias lo buscan constantemente y lo reciben con alegría. Los necios nunca lo buscan y lo ignoran cuando se lo dan.

Como explica claramente la Biblia: «Al necio le parece bien lo que emprende, pero el sabio atiende al consejo» (Proverbios 12:15).

Obtener el consejo sabio es como tener un mapa de carretera detallado y una guía personal mientras se realiza un viaje largo y desafiante. Puede significar la diferencia entre el éxito continuo o la destrucción de otro matrimonio. Es vital que invites a parejas fuertes a que te comuniquen la sabiduría que han obtenido a través de sus propios logros y fracasos.

¿Para qué gastar años de tu vida aprendiendo lecciones dolorosas cuando puedes descubrir esas mismas verdades en unas horas de consejo sabio? ¿Por qué no cruzar los puentes que otros han construido? La sabiduría es más valiosa que el oro. No recibirla es como dejar caer monedas invalorables de entre los dedos.

Los buenos mentores del matrimonio te advierten antes de tomar una mala decisión. Te alientan cuando estás listo para darte por vencido. Y te animan cuando alcanzas nuevos niveles de intimidad en tu matrimonio.

¿Hay alguna pareja mayor o algún amigo del mismo sexo a quien puedas acudir para pedir buenos consejos, apoyo en oración y rendir cuentas en forma regular? ¿Hay alguien en tu vida que te trate con imparcialidad y franqueza?

Tú y tu cónyuge necesitan contar con esta clase de amigos y mentores en forma constante. La Biblia dice: «Exhortaos los unos a los otros cada día [...] no sea que alguno de vosotros sea endurecido por el engaño del pecado» (Hebreos 3:13). Muchas veces, podemos aislarnos de los demás. Si no tenemos cuidado, podríamos alejar de nosotros a las personas que más nos aman.

Debes protegerte contra los que te influencian para mal. Todos tienen una opinión y algunas personas te alentarán a actuar en forma egoísta, te alentarán a dejar a tu pareja para buscar tu propia felicidad. Ten cuidado y no escuches el consejo de aquellos que no tienen un buen matrimonio.

Si tu matrimonio pende de un hilo o ya se dirige hacia el

divorcio, debes detener todo y buscar el consejo sólido lo más rápido posible. Llama a un pastor, a un terapeuta que crea en la Biblia o a un consejero matrimonial hoy mismo. Por más que al principio sea incómodo abrirte con un extraño con respecto a tu vida, cada segundo que pase y cada sacrificio que hagas por tu matrimonio valdrán la pena. Aun si tienes una relación bastante estable, tienes la misma necesidad de mentores sinceros y francos: personas que renueven tus fuerzas para seguir adelante y te ayuden a mejorar aun más tu matrimonio.

¿Cómo eliges un buen mentor? Debes buscar una persona que tenga la clase de matrimonio que tú quieres; una persona que ponga a Cristo antes que a todas las demás cosas. Debes buscar alguien que no viva según sus propias opiniones sino según la Palabra inmutable de Dios. Y en la mayoría de los casos, se alegrará de que hayas pedido ayuda. Comienza a orar para que Dios envíe esta persona a tu vida. Luego, escoge un momento para encontrarte con ella y hablar.

Si no te parece demasiado importante, sería una buena idea que te preguntaras por qué. ¿Tienes algo que esconder? ¿Tienes miedo de sentirte avergonzado? ¿Crees que tu matrimonio está exento de la necesidad de ayuda de afuera? ¿No te resulta atractivo zambullirte en un río de influencias positivas? No seas el capitán de otro divorcio titánico al ignorar las señales de advertencia que te rodean, cuando podrías haber recibido ayuda.

Aquí tienes un recordatorio importante de las Escrituras: «Cada uno de nosotros dará a Dios cuenta de sí mismo» (Romanos 14:12). Es un compromiso que no podemos romper. Y aunque al final, todos somos responsables de la manera en que lo abordamos, podemos recibir toda la ayuda que los demás puedan dar. Quizá sea la influencia relacional que lleve a tu matrimonio a pasar de mediocre a maravilloso.

EL DESAFÍO DE HOY

BUSCA UN MENTOR PARA TU MATRIMONIO: UN BUEN CRISTIANO QUE SEA SINCERO Y AMOROSO CONTIGO. SI TE PARECE QUE ES NECESARIA LA TERAPIA, DA EL PRIMER PASO Y CONCIERTA UNA CITA. DURANTE ESTE PROCESO, PÍDELE A DIOS QUE DIRIJA TUS DECISIONES Y TE DÉ DISCERNIMIENTO.

___ Haz una marca aquí cuando hayas completado el desafío de hoy.

¿A quién elegiste? ¿Por qué escogiste esa persona? ¿Qué esperas aprender de ella?

_____

_____

_____

_____

_____

_____

_____

_____

En la abundancia de consejeros está la victoria. (Proverbios 11:14)

DÍA 36
El amor es la Palabra de Dios

Lámpara es a mis pies tu palabra, y luz para mi camino.
Salmo 119:105

Para algunas personas, la Biblia es demasiado voluminosa y prominente como para comprenderla. La consideran un desafío imposible. No saben por dónde ni cómo comenzar. No obstante, como cristiano, no estás solo para intentar entender los temas principales y los significados profundos de la Biblia. El Espíritu Santo, quien vive ahora en tu corazón por medio de la salvación, es el que ilumina la verdad. «Porque el Espíritu todo lo escudriña, aun las profundidades de Dios» (1 Corintios 2:10). Y gracias a esta lámpara interior, ahora puedes leer, absorber, comprender y vivir las Escrituras; pero en primer lugar, debes comprometerte a hacerlo.

Crea el hábito. Si todavía no estás acostumbrado, es hora de comenzar a leer una porción de la Biblia todos los días. Lo ideal sería que la leyeran juntos como esposos... quizá por la mañana o antes de irse a dormir. Sé como el autor del Salmo 119, quien podía decir: «Con todo mi corazón te he buscado [...] En mi corazón he atesorado tu palabra, para no pecar contra ti» (Salmo 119:10-11).

Los que tienen un patrón constante de lectura de la Biblia pronto descubren que sus páginas son «deseables más que el oro; sí, más que mucho oro fino, más dulces que la miel y que el destilar del panal» (Salmo 19:10).

Busca la ayuda de otros. Tienes razón, la Biblia puede ser profunda y puede significar un verdadero desafío. Por eso es tan importante formar parte de una iglesia en donde la Palabra se enseñe y se predique con fidelidad. Al escuchar cómo se la explica en los sermones y las clases de estudio bíblico, obtendrás una visión más amplia y equilibrada de lo que Dios dice a través de su Palabra. Además, podrás unirte a otros que están en el mismo recorrido que tú, con el deseo de alimentarse con las verdades de las Escrituras. «Persiste en las cosas que has aprendido y de las cuales te convenciste, sabiendo de quiénes las has aprendido» (2 Timoteo 3:14).

Vívela. A diferencia de la mayoría de los demás libros, que están diseñados solo para ser leídos y digeridos, la Biblia es un libro *vivo.* Vive porque el Espíritu Santo todavía resuena entre sus palabras. Vive porque, a diferencia de los escritos antiguos de otras religiones, su autor sigue vivo. Y vive porque se transforma en parte de ti, de tu manera de pensar y de lo que haces. «Sed hacedores de la palabra y no solamente oidores» (Santiago 1:22).

Jesús habló sobre las personas que construyen su vida en la arena (en función de su propia lógica, de sus conjeturas más acertadas o del último razonamiento). Cuando las tormentas de la vida comienzan a venir (y siempre lo harán), el cimiento de arena ocasiona un completo desastre. Quizá estas casas se iluminen y luzcan bien durante un tiempo, pero son tragedias en potencia. Al final, se derrumbarán.

Sin embargo, Jesús dijo: «Cualquiera que oye estas palabras mías y las pone en práctica, será semejante a un hombre sabio que edificó su casa sobre la roca; y cayó la lluvia, vinieron los torrentes, soplaron los vientos y azotaron aquella casa; pero no se cayó, porque había sido fundada sobre la roca» (Mateo

7:24-25). Cuando tu casa está fundada sobre la roca de la Palabra inalterable de Dios, está asegurada contra la destrucción.

Esto se debe a que Dios tiene el plan perfecto para todo y ha revelado estos planes en su Palabra. Están allí mismo para cualquiera que los lea y los ponga en práctica.

Dios tiene un plan para tu manera de administrar el dinero; un plan para la manera de criar a tus hijos; un plan para tu manera de tratar el cuerpo; un plan para tu manera de pasar el tiempo; un plan para tu manera de manejar los conflictos. ¿Acaso tu Hacedor no sabrá exactamente lo que necesitas?

Si esto de leer la Biblia en forma regular te resulta nuevo, te sorprenderá la rapidez con la cual comenzarás a pensar de otra manera y con la mirada puesta en la eternidad. Y si de verdad quieres establecer estrategias de vida basadas en la manera que tiene Dios de hacer las cosas, Él te guiará a conectar lo que lees con la manera de aplicarlo. Es un viaje esclarecedor con descubrimientos constantes.

Cada aspecto de tu vida que sometas a los principios de Dios se fortalecerá y será más duradero con el tiempo; pero cualquier parte que no le entregues, al intentar hacerlo por tu cuenta, se debilitará y con el tiempo fracasará cuando te golpeen las tormentas de la vida. A decir verdad, quizá sea el área que acelere el desmoronamiento de tu hogar y tu matrimonio.

Las parejas sabias construyen sus casas sobre la roca de la Palabra de Dios. Han visto lo que puede suceder con la arena. Saben qué significa no tener una base sólida y que los cimientos se venzan. Por eso debes decidir construir tu vida y tu matrimonio sobre la roca sólida de la Biblia. Luego, puedes planear un futuro más sólido, sin importar cuán recia sea la tormenta.

EL DESAFÍO DE HOY

TOMA EL COMPROMISO DE LEER LA BIBLIA
TODOS LOS DÍAS. CONSIGUE UN LIBRO DE
MEDITACIONES O ALGÚN OTRO RECURSO QUE
TE SIRVA COMO ORIENTACIÓN. SI TU CÓNYUGE
ESTÁ DISPUESTO, PREGÚNTALE SI QUIERE
COMPROMETERSE A LEER LA BIBLIA CONTIGO
A DIARIO. COMIENZA A RENDIR CADA ÁREA DE
TU VIDA A LA GUÍA DE LA PALABRA DE DIOS Y A
CONSTRUIR SOBRE LA ROCA.

___ Haz una marca aquí cuando hayas
completado el desafío de hoy.

¿Qué partes de tu vida tienen más necesidad del consejo de
Dios? ¿En dónde crees que hay una mayor susceptibilidad al
fracaso? ¿Qué le estás pidiendo a Dios que te muestre a través
de su Palabra?

Para familiarizarte con la Biblia, ver el Apéndice de la página 208

Todo lo que fue escrito en tiempos pasados, para nuestra enseñanza se escribió. (Romanos 15:4)

DÍA 37
El amor se pone de acuerdo en oración

Si dos de vosotros se ponen de acuerdo sobre cualquier cosa que pidan aquí en la tierra, les será hecho por mi Padre. Mateo 18:19

Si alguien te dijera que al cambiar una sola cosa en tu matrimonio podrías garantizar casi con toda seguridad una mejora significativa en la vida con tu cónyuge, al menos querrías saber de qué se trata. Y en el caso de muchas parejas piadosas, esa «única cosa» es la práctica diaria de la oración juntos.

Para una persona que tiende a quitarle importancia a las cuestiones espirituales, esto parece bastante ridículo. Y si le dijeran que la oración en conjunto es un ingrediente clave para la longevidad matrimonial y que realza la intimidad sexual, pensaría que exageraron demasiado. Sin embargo, la unidad que crece entre un hombre y una mujer que oran juntos en forma regular, forma una conexión intensa y poderosa. Dentro del santuario del matrimonio, orar juntos puede hacer maravillas en todas las áreas de la relación.

Cuando se unieron como esposo y esposa, Dios les dio un regalo de bodas: un compañero de oración para toda la vida. Cuando necesitas sabiduría para determinada decisión, tú y tu compañero de oración pueden buscar juntos a Dios para encontrar la respuesta. Cuando luchas con tus propios temores e inseguridades, tu compañero de oración puede tomarte de la mano e interceder por ti. Cuando no se llevan bien con tu cónyuge y no pueden superar una discusión o un escollo en particular, pueden tomarse un descanso, dejar las armas y entrar en oración de emergencia. Esto debería transformarse en tu reflejo automático cuando no sabes qué más hacer.

Es difícil permanecer enojado con alguien con quien estás orando. Es difícil no retroceder cuando escuchas a tu cónyuge clamar a Dios humillado y rogarle misericordia en medio de la acalorada crisis entre ustedes. En oración, dos personas recuerdan que Dios las ha transformado en una. Y con la unidad que trae su presencia, la discordia se transforma en belleza.

Orar por tu cónyuge hace que tu corazón se interese más por él. Sin embargo, lo más importante es que a Dios le agrada verlos humillarse y buscar su rostro juntos. Sus bendiciones se derraman sobre ustedes cuando se ponen de acuerdo en oración.

La palabra que Jesús usó cuando habló sobre «ponerse de acuerdo» en oración lleva la idea de una sinfonía armónica. Dos notas separadas que se tocan una a la vez suenan distintas; son opuestas. Y si las tocas al mismo tiempo (de acuerdo), pueden crear una sensación agradable de armonía. Juntas, proporcionan un sonido más pleno y completo que si suenan en forma independiente.

Ponerse de acuerdo en oración es así... aun en medio del desacuerdo. Vuelve a colocarlos a los dos en su verdadero centro. Les proporciona un área de consenso, cara a cara frente al Padre. Restaura la armonía en medio de la discusión.

La iglesia (la cual, en las Escrituras, tiene una connotación matrimonial con Cristo) a veces puede ser un lugar en donde reine el conflicto. La discordia que suele generarse por distintas razones puede descarrilar a la iglesia de su misión y perturbar el libre flujo de adoración y unidad. A veces, los líderes piadosos se dan cuenta de lo que sucede, les ponen fin a las discusiones y llaman al pueblo de Dios a la oración. En lugar de continuar la discordia y permitir que haya más sentimientos heridos, buscan la unidad al volver sus corazones hacia Dios y pedirle ayuda.

Lo mismo sucede en nuestros hogares cuando interviene la oración, aun en los momentos culminantes del desacuerdo. La oración detiene la hemorragia; acalla las voces fuertes; hace que te detengas y comprendas en la presencia de quién estás.

Sin embargo, la oración hace mucho más que detener peleas. Es un privilegio para disfrutarlo en forma constante, a diario. Cuando sepas que antes de ir a dormir te espera un tiempo de oración, cambiará la manera en que pasas la velada. Aunque sus oraciones juntos en general sean cortas y concisas, tu día podrá girar alrededor de esta cita permanente y hacer que Dios se mantenga en el medio de todo.

Es cierto, comenzar un hábito como este puede parecer difícil e incómodo. Cualquier cosa de esta envergadura te abrumará con su peso y su responsabilidad cuando intentes ponerla en práctica; pero recuerda que Dios *desea* que estés con Él (en verdad, te *invita*) y te hará crecer a medida que lo tomes en serio y dejes atrás los momentos en los que no sabes qué decir.

Recordarás este hilo en común que atravesó todo, desde los días comunes y corrientes hasta las decisiones importantes, y estarás sumamente agradecido por esta «única cosa» que cambió todo. Es un área en donde es fundamental que estés de acuerdo para ponerte de acuerdo.

EL DESAFÍO DE HOY

PREGÚNTALE A TU CÓNYUGE SI PUEDEN COMENZAR A ORAR JUNTOS. DECIDAN CUÁL ES EL MEJOR MOMENTO PARA HACERLO, YA SEA POR LA MAÑANA, A LA HORA DE ALMORZAR O ANTES DE IRSE A DORMIR. USEN ESTE TIEMPO PARA CONFIARLE AL SEÑOR LAS INQUIETUDES, LOS DESACUERDOS Y LAS NECESIDADES. NO OLVIDEN DARLE GRACIAS POR SU PROVISIÓN Y SUS BENDICIONES. AUN SI TU CÓNYUGE SE NIEGA A HACERLO, DECIDE PASAR ESTE MOMENTO DIARIO EN ORACIÓN A SOLAS.

___ Haz una marca aquí cuando hayas completado el desafío de hoy.

¿Qué puedes hacer para que tu cónyuge esté dispuesto a comenzar a orar contigo? Si se pusieron de acuerdo para orar, ¿cómo resultó? ¿Qué aprendieron de esta experiencia?

_____

_____

_____

_____

_____

Para un enfoque más profundo sobre la oración eficaz, ver el Apéndice en la página 202

Mi oración llega ante ti por la mañana. (Salmo 88:13)

Día 38
El amor cumple sueños

Pon tu delicia en el Señor, y Él te dará las peticiones de tu corazón.
Salmo 37:4

¿Qué le gustaría de verdad a tu cónyuge? ¿Cuán a menudo te haces esa pregunta?

El sentido común nos dice que no podemos darle a nuestro cónyuge todo lo que quiere. Nuestro presupuesto y nuestra cuenta bancaria nos dicen que es probable que no podamos costearlo. Aun si pudiéramos, tal vez no sería bueno para nosotros... ni para él.

Quizá hayas dejado que el «no» se transforme en una respuesta demasiado rápida. Tal vez hayas permitido que esta opción negativa por defecto se vuelva demasiado racional, demasiado automática. ¿Qué sucedería si en lugar de desestimar la idea, hicieras todo lo posible por cumplirla? ¿Qué sucedería si lo que tu pareja dice que jamás harías por ella se transformara en lo próximo que hicieras?

A veces, el amor debe ser extravagante. Necesita hacer lo imposible. A veces, necesita dejar de lado los detalles y bendecir sólo porque quiere hacerlo.

¿Acaso se parece demasiado a la forma de pensar de un adolescente? ¿Un amor así ya no está en el menú luego de tantos años de matrimonio? Después de todo, como quizá estén las cosas en tu matrimonio en este momento, ¿no sería poco genuino consentir a tu cónyuge si no lo haces de corazón?

Lo bueno sería que sí lo hicieras de corazón. ¿Qué me dices de adoptar un nuevo nivel de amor que *quiera* cumplir todos los sueños y los deseos que pueda?

¿Acaso el amor de Dios no satisfizo necesidades de tu corazón que alguna vez parecían imposibles? Vivías con una carga tan grande de pecado y reproche que pensabas que nunca volverías a ganarte la gracia de Dios. Sin embargo, te miró con amor y dijo que no era necesario. Anhelaba que regresaras. Quería que te dieras cuenta de tu necesidad de Él, y que luego de arrepentirte y acudir a Él, te amaría y te perdonaría. «Dios, que es rico en misericordia, por causa del gran amor con que nos amó, aun cuando estábamos muertos en nuestros delitos, nos dio vida juntamente con Cristo» (Efesios 2:4-5).

Pensaste que la vida se había terminado cuando cierto contratiempo te derribó. Te quebraste y clamaste a Él. Oraste como nunca antes lo habías hecho. Y aunque no fue fácil volver a levantarte y seguir caminando, de alguna manera sobreviviste. Él te recibió con su paz «que sobrepasa todo entendimiento» (Filipenses 4:7), tal como prometió, y te mantuvo de pie.

Dios no eligió derramar su amor sobre ti cuando te comportabas como un ángel. No te ofreció su gracia porque la merecieras. «Pero Dios demuestra su amor para con nosotros, en que siendo aún pecadores, Cristo murió por nosotros» (Romanos 5:8).

Él es tu modelo a seguir. Tu amor está diseñado para que lo imites. Aunque no eras un candidato probable para recibir su amor, Él te lo dio de todas formas. Pagó el precio.

No todo lo que tu cónyuge quiere es demasiado costoso. No todo lo que desea puede comprarse con dinero. Quizá, tu esposa anhele tu tiempo; tal vez, tu atención. Quizá desee que la trates como a una dama, saber que su esposo la considera su mayor tesoro. Tal vez anhele ver en tus ojos un amor que decida estar presente sin importar qué suceda.

Quizá, tu esposo anhele tu respeto; tal vez desee que lo reconozcas como la cabeza del hogar frente a tus hijos. Quizá anhele que le eches los brazos alrededor del cuello sin razón aparente, que lo sorprendas con un largo beso o una nota de amor cuando no haya un cumpleaños ni un aniversario para justificarlo. Tal vez desee saber que todavía piensas que es fuerte y atractivo, como antes.

Los sueños y los deseos vienen en todas las formas y los tamaños; pero el amor se fija bien en cada uno.

* El amor te llama a escuchar lo que dice y espera tu cónyuge
* El amor te llama a recordar las cosas que son únicas en tu relación, los placeres y deleites que hacen que el otro sonría
* El amor te llama a dar cuando sería mucho más conveniente esperar
* Y el amor te llama a soñar despierto con estas oportunidades, tan a menudo, que sus deseos se transformen en los tuyos también

Te desafiamos a pensar cómo abrumar a tu cónyuge con amor; a sorprenderlo sobrepasando todas sus expectativas con tu amabilidad. Puede o no significar un sacrificio financiero, pero es necesario que refleje un corazón que está dispuesto a expresarse con extravagancia.

¿Qué le gustaría de verdad a tu cónyuge?

Es hora de que comiences a vivir la respuesta a esa pregunta.

PIENSA QUÉ LE GUSTARÍA A TU CÓNYUGE,
SI FUERA POSIBLE. PONLO EN ORACIÓN Y
COMIENZA A TRAZAR UN PLAN PARA CUMPLIR
ALGUNOS DE SUS DESEOS (SINO TODOS),
HASTA DONDE PUEDAS.

___ Haz una marca aquí cuando hayas
completado el desafío de hoy.

En el pasado, ¿qué sucedió para que no quieras cumplir los
deseos de tu cónyuge? ¿Cómo cambiaría la relación si supiera
que sus sueños son una prioridad para ti? ¿Qué deseos estás
intentando cumplir?

_____

_____

_____

_____

_____

_____

_____

Dios puede hacer que toda gracia abunde para vosotros. (2 Corintios 9:8)

Día 39
El amor perdura

El amor nunca deja de ser. 1 Corintios 13:8

De todas las cosas que el amor se atreve a hacer, esta es la mayor de todas. Aunque se ve amenazado, sigue adelante. Aunque se ve desafiado, sigue avanzando. Aunque lo maltratan y lo rechazan, se niega a darse por vencido.

El amor nunca deja de ser.

Muchas veces, cuando un matrimonio está en crisis, el cónyuge que intenta lograr que las cosas funcionen le dice al otro con toda claridad que sin importar lo que haya sucedido en el pasado, está comprometido con su matrimonio. Puedes estar seguro de que su amor perdurará. Lo promete. No obstante, como el otro cónyuge todavía no quiere escucharlo, mantiene su postura distante. Aun quiere separarse. No cree que este matrimonio dure mucho tiempo. Ya ni siquiera quiere que dure.

El cónyuge que acaba de jugarse el corazón, tendiendo la mano en son de paz, no puede manejar el rechazo. Así que retira lo dicho. «Bueno. Si así lo quieres, así será».

Sin embargo, si el amor es en verdad amor, no cambia de opinión cuando no lo reciben como quiere. Si al amor se le puede decir que deje de amar, en realidad no es amor. El amor que viene de Dios es interminable, imparable. Si el objeto de su afecto elije no recibirlo, no deja de dar.

El amor nunca deja de ser.

Nunca.

Así es el amor de Jesús. Sus discípulos eran verdaderamente impredecibles. Luego de su última comida de Pascuas juntos, cuando Jesús les dijo que todos lo abandonarían antes de que terminara la noche, Pedro declaró: «Aunque todos se aparten por causa de ti, yo nunca me apartaré [...] Aunque tenga que morir contigo, jamás te negaré» (Mateo 26:33,35). Los demás discípulos se hicieron eco de la misma promesa.

Sin embargo, más tarde esa noche, el círculo íntimo de seguidores de Jesús (Pedro, Santiago y Juan) dormiría mientras Jesús agonizaba en el huerto. Camino a la crucifixión de Cristo, Pedro lo negaría tres veces en el patio; pero en ese preciso momento, la Biblia dice que Jesús «se volvió y miró a Pedro» (Lucas 22:61). Sus hombres le habían fallado (otra vez) horas después de sus promesas. Aun así, nunca dejó de amarlos, porque Él es «el mismo ayer y hoy y por los siglos» (Hebreos 13:8), y su amor también.

Cuando hayas hecho todo lo que puedes para obedecer a Dios, tu cónyuge quizá te abandone y se vaya... así como los discípulos de Jesús hicieron con Él; pero si tu matrimonio fracasa, si tu cónyuge se va, que no sea porque te diste por vencido o dejaste de amarlo.

El amor nunca deja de ser.

De las nueve características del «fruto del Espíritu» que se enumeran en Gálatas 5, la primera de todas es el amor. Y como el inalterable Espíritu Santo es la fuente (el mismo Espíritu Santo que habita en el corazón de todos los creyentes), entonces el amor que Él crea en ti también es inalterable. Tiene su fundamento en la *voluntad* de Dios, en el *llamado* de Dios y en la *Palabra* de Dios: todas cosas inalterables. La Biblia las declara «irrevocables» (Romanos 11:29). «El cielo y la tierra pasarán, mas mis palabras no pasarán» (Lucas 21:33).

Hace tan solo unos días, recibiste el desafío de construir tu matrimonio sobre la Palabra de Dios; porque cuando todo lo demás fracasa, la verdad de Dios seguirá en pie. A lo largo del camino, también te atreviste a ser paciente, a ser generoso, a sacrificarte por las necesidades de tu cónyuge.

No se trata solo de ideas lindas, que existen en forma aislada. Cada característica del amor que se esboza en este libro está basada en el amor de Dios, el cual vemos contenido y expresado en la Palabra de Dios; en la Palabra *inalterable* de Dios. Ningún desafío ni circunstancia pueden colocarle una fecha de vencimiento a Él ni a su amor. Por lo tanto, tu amor (hecho de la misma sustancia) tiene las mismas características inalterables.

El amor nunca deja de ser.

Así que el desafío de hoy es expresar tu amor inquebrantable con las palabras más poderosas y personales que puedas. Es tu oportunidad de declarar que sin importar las imperfecciones que existan (tanto en ti como en tu cónyuge) tu amor es aun más grande. Sin importar lo que tu cónyuge haya hecho o cuán a menudo lo haya hecho, decides amarlo de todas maneras. Aunque con el correr de los años no has sido para nada constante en tu manera de tratarlo, tus días de inconstancia en el amor han terminado. Acepta a esta persona como el regalo especial de Dios para ti y promete amarla hasta la muerte.

Lo que le comunicas a tu cónyuge es: «Aun si no te gusta lo que ves, aun si no te gusto *yo*, elijo amarte de todas maneras. Para siempre».

Porque el amor nunca deja de ser.

EL DESAFÍO DE HOY

PASA TIEMPO ORANDO SOLO. LUEGO, ESCRÍBELE UNA CARTA DE COMPROMISO Y DECISIÓN A TU CÓNYUGE. INCLUYE LA RAZÓN POR LA CUAL TE COMPROMETES CON ESTE MATRIMONIO HASTA LA MUERTE, Y EXPRÉSALE QUE TE HAS PROPUESTO AMARLO SIN IMPORTAR LO QUE SUCEDA. DEJA LA CARTA EN UN LUGAR DONDE TU PAREJA LA PUEDA ENCONTRAR.

___ Haz una marca aquí cuando hayas completado el desafío de hoy.

¿Qué dudas tenías al escribir esta carta? ¿Cómo esperas que tu cónyuge responda? ¿Cómo te ayudó Dios a escribirla y qué te enseñó sobre ti mismo este proceso?

_____

_____

_____

_____

_____

_____

_____

_____

_____

[Él] *se complace en la misericordia.* (Miqueas 7:18)

DÍA 40
El amor es un pacto

Adonde tú vayas, iré yo, y donde tú mores, moraré.
Tu pueblo será mi pueblo, y tu Dios mi Dios. Rut 1:16

Felicitaciones. Has llegado al final del desafío de este libro. Sin embargo, la experiencia y el reto de amar a tu cónyuge nunca terminan. Siguen durante el resto de tu vida.

Este libro podrá terminar en el día 40. ¿Pero quién dice que tu desafío tiene que terminar? Y a partir de este momento, te desafiamos a que consideres tu relación matrimonial como un *pacto* en lugar de un *contrato*. Estas dos palabras parecen tener significado y propósito similares, pero en realidad, son sumamente diferentes. Ver al matrimonio como un contrato es como decirle a tu cónyuge: «Te tomo para mí y veremos si funciona». Sin embargo, verlo como un pacto hace que digas: «Me entrego a ti y me comprometo a este matrimonio para toda la vida».

Hay varias diferencias entre los pactos y los contratos. En general, un *contrato* es un acuerdo escrito con un fundamento de desconfianza, que enumera las condiciones y las consecuencias que habrá si se rompe. Un *pacto* es un compromiso verbal que tiene su fundamento en la confianza, y le asegura a otra persona que tu promesa es incondicional y para toda la vida. Se realiza ante Dios por amor a otro.

Un *contrato* es interesado y tiene una responsabilidad limitada. Establece un marco de tiempo para que se cumplan y se logren ciertas prestaciones. Un *pacto* es para beneficio de los demás y tiene una responsabilidad ilimitada. No tiene fecha de vencimiento. Es «hasta que la muerte nos separe». Un *contrato* puede romperse de común acuerdo. Un *pacto* está hecho para que sea inquebrantable.

La Biblia contiene varios grandes pactos que forman parte del desarrollo de la historia del pueblo de Dios. Este hizo un pacto con Noé y le prometió que nunca destruiría a toda carne con un diluvio (Génesis 9:12-17). Hizo un pacto con Abraham y le prometió que toda una nación de descendientes surgiría de su familia (Génesis 17:1-8). Hizo un pacto con Moisés y declaró que el pueblo de Israel sería la posesión de Dios para siempre (Éxodo 19:3-6). Hizo un pacto con David y le prometió que siempre habría un soberano en su trono (2 Samuel 7:7-16). Finalmente, hizo un «nuevo pacto» por medio de la sangre de Cristo, y estableció un legado eterno e inalterable de perdón de pecados y vida eterna para los que crean en Él (Hebreos 9:15). Dios nunca ha roto ninguno de estos pactos.

Además, está el matrimonio: el pacto más fuerte sobre la tierra entre dos personas; la promesa de un hombre y una mujer de establecer un amor incondicional y que dura toda la vida. En el matrimonio, tu anillo de bodas representa los votos de tu pacto: no solo compromisos que *esperabas* poder cumplir sino promesas premeditadas, dichas en público con otras personas como testigos.

Como has leído muchas veces en estas páginas, no puedes cumplir este pacto con tus propias fuerzas. Hay una buena razón por la cual Dios fue el que inició los pactos con su pueblo. Es el único que puede cumplir las exigencias de sus propias promesas. Es el único que puede perdonar a los que reciben su pacto cuando no cumplen con su parte del acuerdo; pero el Espíritu de Dios está dentro de ti por medio de tu fe en su Hijo y de la gracia que recibiste con la salvación. Esto significa que ahora *sí* puedes ejercer tu función de cumplir el pacto, sin importar lo que pueda surgir que desafíe tu fidelidad a él.

En especial, si tu cónyuge no quiere recibir tu amor en este momento, cumplir el pacto puede ser más desalentador cada día. Sin embargo, el matrimonio no es un contrato con cláusulas de escape y términos de excepción. El matrimonio es un pacto hecho para quitar todas las vías de retirada o abandono. No hay nada en el mundo que pueda separar lo que Dios unió. Tu amor está fundamentado en un pacto.

Cientos de años después de que el profeta Malaquías registró estas palabras, la gente aún se pregunta por qué a veces Dios retiene su bendición de los hogares y los matrimonios. «Y vosotros decís: "¿Por qué?" Porque el Señor ha sido testigo entre tú y la mujer de tu juventud, contra la cual has obrado deslealmente, aunque ella es tu compañera y la mujer de tu pacto [...] Porque yo detesto el divorcio –dice el Señor, Dios de Israel– y al que cubre de iniquidad su vestidura –dice el Señor de los ejércitos–. Prestad atención, pues, a vuestro espíritu y no seáis desleales» (Malaquías 2:14,16).

Todo matrimonio es llamado a ser una imagen terrenal del pacto celestial de Dios con la iglesia. Debe revelarle al mundo la gloria y la belleza del amor incondicional de Dios por nosotros. Jesús dijo: «Así como el Padre me ha amado a mí, también yo los he amado a ustedes. Permanezcan en mi amor» (Juan 15:9 NVI). Deja que sus palabras te inspiren a ser un canal del amor de Dios para tu cónyuge.

Ahora es el momento, para renovar tu pacto de amor con toda sinceridad y entrega. El amor es un tesoro demasiado santo como para intercambiarlo por otro, y un vínculo demasiado poderoso como para romper sin que haya consecuencias nefastas. Vuelve a concentrar tu amor en esta persona que el Señor te ha dado para apreciar, valorar y honrar.

Tienen por delante una vida juntos. Atrévete a tomarla y no soltarla jamás. Acepta el desafío del amor.

EL DESAFÍO DE HOY

Escribe una renovación de tus votos y colócala en tu hogar. Quizá, si corresponde, podrías planear una renovación formal de tus votos matrimoniales ante un pastor, con la familia presente. Que sea una afirmación viva del valor del matrimonio a los ojos de Dios y del alto honor de ser uno con tu cónyuge.

___ Haz una marca aquí cuando hayas completado el desafío de hoy.

¿Qué te ha revelado Dios durante estos 40 días? ¿Cómo ha cambiado tu visión del matrimonio? ¿Cuán comprometido estás con Dios y con tu cónyuge? ¿A quiénes puedes contarles de este compromiso como testimonio?

_____

_____

_____

_____

_____

Para siempre se ha acordado de su pacto. (Salmo 105:8)

Apéndices

Apéndice I
Los candados y las llaves de la oración eficaz

La oración del justo es poderosa y eficaz. Santiago 5:16 NVI

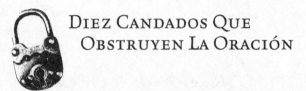

Diez Candados Que Obstruyen La Oración

1. Orar sin conocer a Dios a través de Jesús
Juan 14:6: Jesús dijo: «Yo soy el camino, y la verdad, y la vida; nadie viene al Padre sino por mí».

2. Orar con un corazón sin arrepentimiento
Salmo 66:18-19 NVI: «Si en mi corazón hubiera yo abrigado maldad, el Señor no me habría escuchado; pero Dios sí me ha escuchado, ha atendido a la voz de mi plegaria».

3. Orar para hacer alarde
Mateo 6:5: «Y cuando oréis, no seáis como los hipócritas; porque a ellos les gusta ponerse en pie y orar en las sinagogas y en las esquinas de las calles, para ser vistos por los hombres. En verdad os digo que ya han recibido su recompensa».

4. Orar en forma repetitiva, con palabras vacías
Mateo 6:7-8: «Y al orar, no uséis repeticiones sin sentido, como los gentiles, porque ellos se imaginan que serán oídos por su palabrería. Por tanto, no os hagáis semejantes a ellos; porque vuestro Padre sabe lo que necesitáis antes que vosotros le pidáis».

5. Oraciones que no se hacen

Santiago 4:2: «No tenéis, porque no pedís».

6. Orar con un corazón concupiscente

Santiago 4:3: «Pedís y no recibís, porque pedís con malos propósitos, para gastarlo en vuestros placeres».

7. Orar mientras maltratas a tu cónyuge

1 Pedro 3:7: «Y vosotros, maridos, igualmente, convivid de manera comprensiva con vuestras mujeres [...] dándole honor como a coheredera de la gracia de la vida, para que vuestras oraciones no sean estorbadas».

8. Orar mientras ignoras a los pobres

Proverbios 21:13: «El que cierra su oído al clamor del pobre, también él clamará y no recibirá respuesta».

9. Orar con amargura en el corazón hacia alguien

Marcos 11:25-26: «Y cuando estéis orando, perdonad si tenéis algo contra alguien, para que también vuestro Padre que está en los cielos os perdone vuestras transgresiones. Pero si vosotros no perdonáis, tampoco vuestro Padre que está en los cielos perdonará vuestras transgresiones».

10. Orar con un corazón sin fe

Santiago 1:6-8: «Pero que pida con fe, sin dudar; porque el que duda es semejante a la ola del mar, impulsada por el viento y echada de una parte a otra. No piense, pues, ese hombre, que recibirá cosa alguna del Señor, siendo hombre de doble ánimo, inestable en todos sus caminos».

Diez Llaves De La Oración Eficaz

1. Orar pidiendo, buscando y llamando

Mateo 7:7-8,11: «Pedid, y se os dará; buscad, y hallaréis; llamad, y se os abrirá. Porque todo el que pide, recibe; y el que busca, halla; y al que llama, se le abrirá [...] Pues si vosotros, siendo malos, sabéis dar buenas dádivas a vuestros hijos, ¿cuánto más vuestro Padre que está en los cielos dará cosas buenas a los que le piden?»

2. Orar con fe

Marcos 11:24: «Por eso os digo que todas las cosas por las que oréis y pidáis, creed que ya las habéis recibido, y os serán concedidas».

3. Orar en secreto

Mateo 6:6: «Pero tú, cuando ores, entra en tu aposento, y cuando hayas cerrado la puerta, ora a tu Padre que está en secreto, y tu Padre, que ve en lo secreto, te recompensará».

4. Orar de acuerdo a la voluntad de Dios

1 Juan 5:14: «Y esta es la confianza que tenemos delante de Él, que si pedimos cualquier cosa conforme a su voluntad, Él nos oye».

5. Orar en el nombre de Jesús

Juan 14:13-14: «Y todo lo que pidáis en mi nombre, lo haré, para que el Padre sea glorificado en el Hijo. Si me pedís algo en mi nombre, yo lo haré».

6. Orar junto con otros creyentes

Mateo 18:19-20: «Además os digo, que si dos de vosotros se ponen de acuerdo sobre cualquier cosa que pidan aquí en la tierra, les será hecho por mi Padre que está en los cielos. Porque donde están dos o tres reunidos en mi nombre, allí estoy yo en medio de ellos».

7. Orar con ayuno

Hechos 14:23: «Después que les designaron ancianos en cada iglesia, habiendo orado con ayunos, los encomendaron al Señor en quien habían creído».

8. Orar con una vida de obediencia

1 Juan 3:21-22: «Amados, si nuestro corazón no nos condena, confianza tenemos delante de Dios; y todo lo que pidamos lo recibimos de Él, porque guardamos sus mandamientos y hacemos las cosas que son agradables delante de Él».

9. Orar permaneciendo en Cristo y en su Palabra

Juan 15:7: «Si permanecéis en mí, y mis palabras permanecen en vosotros, pedid lo que queráis y os será hecho».

10. Orar deleitándose en el Señor

Salmo 37:4: «Pon tu delicia en el Señor, y Él te dará las peticiones de tu corazón».

Un Resumen De Los Candados Y Las Llaves De La Oración

1. Tu relación con Dios debe estar en orden.
2. Tu relación con las demás personas debe estar en orden.
3. Tu corazón debe estar en orden.

Apéndice II
20 preguntas para tu cónyuge

En una cita o durante una conversación privada, intenta usar las siguientes preguntas para descubrir más sobre el ser interior de tu cónyuge. Permite que surjan preguntas adicionales que quizá quieran explorar, pero mantengan buen ánimo y una actitud positiva. Escucha en vez de hablar.

Preguntas Personales

- ¿Cuál es tu mayor esperanza o sueño?
- ¿Qué disfrutas más de tu vida en este momento?
- ¿Qué disfrutas menos de tu vida en este momento?
- ¿Cuál sería el trabajo de tus sueños si pudieras hacer algo que te gusta y que te pagaran por ello?
- ¿Qué has querido hacer siempre pero todavía no se te ha dado la oportunidad?
- ¿Qué tres sueños te gustaría cumplir antes de que termine el año próximo?
- ¿Con quién te sientes más «seguro»? ¿Por qué?
- Si pudieras almorzar con cualquier persona del mundo, ¿con quién sería y por qué?
- ¿Cuándo fue la última vez que te sentiste rebosante de alegría?
- Si tuvieras que regalar un millón de dólares, ¿a quién se lo darías?

Preguntas Matrimoniales

- ¿Qué tres cosas que yo hago te gustan mucho?

- ¿Qué tres cosas que yo hago te sacan de quicio?

- En el pasado, ¿qué he hecho para hacerte sentir amado?

- ¿Qué te ha hecho sentir ignorado?

- ¿En qué tres puntos puedo mejorar?

- De los siguiente items, ¿qué te haría sentir más amado?

  Que te masajee y acaricie durante una hora.

  Sentarnos y hablar durante una hora sobre tu tema preferido.

  Contratar a alguien para ayudarte en la casa una tarde.

  Recibir un regalo especial.

  Escuchar cuánto te aprecio.

- ¿Qué te gustaría poder borrar de todo lo que ha sucedido en el pasado?

- ¿Cuál es la próxima decisión importante que crees que Dios quiere que tomemos como pareja?

- ¿Cómo te gustaría que fuera tu vida dentro de cinco años?

- ¿Qué palabras te gustaría escuchar de mi boca más a menudo?

Ofrece aliento y un oído que escuche. No permitas que esto se transforme en una discusión ni en un momento para criticar. Que sea un momento para que tu cónyuge se exprese.

La Palabra de Dios en mi vida

Que esta proclama te ayude a acercarte bien a la Palabra de Dios.

La Biblia es la Palabra de Dios.

Es santa, infalible y tiene toda autoridad.
(*Proverbios 30:5-6, Juan 17:17, Salmo 119:89*)

Es útil para enseñar, para reprender, para corregir y para instruirme en justicia. (*2 Timoteo 3:16*)

Me hace madurar y me prepara para estar listo para toda buena obra. (*2 Timoteo 3:17*)

Es una lámpara a mis pies y una luz para mi camino. (*Salmo 119:105*)

Me hace más sabio que mis enemigos. (*Salmo 119:97-100*)

Me trae estabilidad durante las tormentas de la vida. (*Mateo 7:24-27*)

Si creo en su verdad, seré libre. (*Juan 8:32*)

Si la atesoro en mi corazón, estaré protegido en tiempos de tentación. (*Salmo 119:11*)

Si permanezco en ella, me transformaré en un verdadero discípulo. (*Juan 8:31*)

Si medito en ella, tendré éxito. (*Josué 1:8*)

Si la guardo, seré recompensado y mi amor será perfeccionado. (*Salmo 19:7-11, 1 Juan 2:5*)

Es la Palabra viva, poderosa y perspicaz de Dios. (*Hebreos 4:12*)

Es la espada del Espíritu. (*Efesios 6:17*)

Es más dulce que la miel y más deseable que el oro. (*Salmo 19:10*)

Es indestructible y está firme en los cielos.

(*2 Corintios 13:7-8, Salmo 119:89*)

Es completamente cierta y no tiene error. (*Juan 17:17*, *Tito 1:2*)

Es completamente veraz con respecto a Dios.
(*Romanos 3:4, Romanos 16:25, 27, Colosenses 1*)

Es completamente veraz con respecto al hombre.
(*Jeremías 17:9, Salmo 8:4-6*)

Es completamente veraz con respecto al pecado. (*Romanos 3:23*)

Es completamente veraz con respecto a la salvación.
(*Hechos 4:12, Romanos 10:9*)

Es completamente veraz con respecto al cielo y al infierno.
(*Apocalipsis 21:8, Salmo 119:89*)

Señor, abre mis ojos para que pueda ver la verdad,
y mis oídos para que pueda escucharla.
Abre mi corazón para recibirla por fe.
Renueva mi mente para conservarla en esperanza.
Doblega mi voluntad para que pueda vivirla con amor.

Recuérdame que soy responsable cuando la escucho.
Ayúdame a desear obedecer lo que dices en ella.
Transforma mi vida para poder conocerla.
Carga mi corazón para poder comunicarla.

Habla ahora, Señor.
Dame pasión para conocer y seguir tu voluntad.
Nada más. Nada menos.

APÉNDICE IV
Guía tu corazón

¿Qué Es El Corazón?

Tu *identidad*. El corazón es la parte más importante de ti. Es el centro de tu ser, en donde reside tu «verdadera identidad». «El corazón del hombre refleja al hombre» (Proverbios 27:19). Como una persona «piensa dentro de sí, así es» (Proverbios 23:7).

Tu *centro*. Como tu corazón físico se encuentra en el centro de tu cuerpo y envía sangre vigorizante a toda célula viva, la palabra «corazón» se ha usado durante siglos para describir el núcleo en donde se generan todos tus pensamientos, tus creencias, tus valores, tus motivaciones y tus convicciones.

Tu *cuartel general*. Tu corazón es "la casa de gobierno" de tus operaciones. Entonces, la dirección de tu corazón tiene un impacto en cada área de tu vida.

¿Qué Tiene De Malo Seguir Mi Corazón?

Es *insensato*. El mundo dice: «¡Sigue tu corazón!» Es la filosofía de los gurús de la nueva era, de los seminarios de autoayuda y de las canciones románticas del *pop*. Como parece tan romántico y tan noble, vende millones de discos y de libros. El problema es que seguir tu corazón en general significa hacer cualquier cosa que te parezca bien en el momento, esté bien o no. Significa echar por la borda toda precaución y conciencia y perseguir tus últimos caprichos y deseos sin importar lo que digan la lógica y el consejo. La Biblia dice: «El que confía en su propio corazón es un necio, pero el que anda con sabiduría será librado» (Proverbios 28:26).

Es inconstante. Las personas olvidan que los sentimientos y las emociones son superficiales, volubles e inconstantes. Pueden fluctuar según las circunstancias. En el intento de seguir su corazón, hay personas que han abandonado sus trabajos para recuperar una pésima banda musical de garaje, han perdido los ahorros de su vida por encapricharse con las carreras de caballos, o han dejado a su compañero de toda la vida para perseguir a un colega de trabajo atractivo que ya se había casado dos veces. Lo que parece correcto en el auge de los dulces sentimientos a menudo resulta ser un error amargo unos años más tarde. Esta filosofía egoísta también es la fuente de un sinnúmero de divorcios. Lleva a muchos a dejar de lado sus compromisos para toda la vida porque ya no se «sienten enamorados».

Es corrupto. La verdad es que nuestros corazones son, en esencia, egoístas y pecadores. La Biblia dice: «Más engañoso que todo, es el corazón, y sin remedio; ¿quién lo comprenderá?» (Jeremías 17:9). Jesús dijo: «Porque del corazón provienen malos pensamientos, homicidios, adulterios, fornicaciones, robos, falsos testimonios y calumnias» (Mateo 15:19). A menos que Dios cambie de verdad nuestros corazones, seguirán eligiendo las cosas equivocadas.

¿ALGUNA VEZ DEBERÍA SEGUIR LO QUE DICTA MI CORAZÓN?

El rey Salomón dijo: «El corazón del sabio lo guía hacia la derecha, y el corazón del necio, hacia la izquierda» (Eclesiastés 10:2). Así como tu corazón puede guiarte hacia el odio, la lujuria y la violencia, también puede ser impulsado por el amor, la verdad y la bondad. A medida que camines con Dios, Él colocará en tu corazón los sueños que quiere cumplir en tu vida. Además, pondrá destreza y capacidades que quiere desarrollar para su gloria (Éxodo 35:30-35). Te concederá el deseo de dar (2 Corintios 9:7) y de adorar (Efesios 5:19). A medida que le des el primer lugar a Dios, Él intervendrá y concederá los buenos deseos de tu corazón. La Biblia dice: «Pon tu delicia en el Señor, y Él te dará las peticiones de tu corazón.» (Salmo 37:4). El único momento en el que puedes sentirte bien al seguir tu corazón es cuando sabes que está decidido a servir y agradar a Dios.

¿Por Qué No Es Suficiente Seguir Mi Corazón?

Como nuestro corazón está tan sujeto al cambio y no se puede confiar en él, las Escrituras comunican un mensaje mucho más fuerte que «sigue tu corazón». La Biblia te instruye a *guiar tu corazón*. Esto significa hacerse totalmente responsable de su condición y su dirección. Debes darte cuenta de que sí tienes el control del lugar en el que está tu corazón. Dios te ha dado el poder de quitarlo de un lugar y ponerlo en otro. Los siguientes versículos comunican un mensaje sobre cómo guiar tu corazón:

Proverbios 23:17	«No envidie tu corazón a los pecadores».
Proverbios 23:19	«Dirige tu corazón por el buen camino».
Proverbios 23:26	«Dame, hijo mío, tu corazón, y que tus ojos se deleiten en mis caminos».
1 Reyes 8:61	«Estén, pues, vuestros corazones enteramente dedicados al Señor nuestro Dios».
Juan 14:27	«No se turbe vuestro corazón, ni tenga miedo».
Santiago 4:8:	«Purificad vuestros corazones».
Santiago 5:8	«Fortaleced vuestros corazones».

¿Cómo Guío Mi Corazón?

En primer lugar, es necesario que comprendas que tu corazón está donde se encuentra tu tesoro. Tu corazón se volcará a lo que le dediques tiempo, dinero y energía. Esto era cierto antes de casarte. Escribías cartas, comprabas regalos y pasaban tiempo juntos como pareja, y tu corazón iba detrás. Cuando dejaste de invertir tanto en la relación y comenzaste a dedicarte a otras cosas, tu corazón te siguió. Si hoy no estás enamorado de tu cónyuge, quizá se deba a que ayer tu interés dejó de estar allí.

Examina tu corazón. Una de las claves para guiar con éxito tu corazón es estar permanentemente consciente de dónde se encuentra. ¿Sabes en dónde está tu corazón en este momento? Puedes darte cuenta si observas en qué has invertido tu tiempo durante el último mes, adónde ha ido tu dinero y los temas de los que hablas constantemente.

Protege tu corazón. Cuando algo poco saludable tienta tu corazón, es tu responsabilidad protegerlo contra la tentación. La Biblia dice: «Por sobre todas las cosas cuida tu corazón, porque de él mana la vida» (Proverbios 4:23 NVI). No dejes que tu corazón coloque el dinero o el trabajo por encima de tu cónyuge y tu familia. No dejes que tu corazón codicie la belleza de otra mujer (Proverbios 6:25). La Biblia dice: «Si se aumentan las riquezas, no pongáis el corazón en ellas» (Salmo 62:10 RVR1995).

Concentra la atención de tu corazón. El apóstol Pablo enseñó: «Concentren su atención en las cosas de arriba, donde está Cristo sentado a la derecha de Dios» (Colosenses 3:1-2 NVI). Es hora de identificar en dónde es necesario que esté tu corazón y luego decidir que concentrarás su atención en esas cosas. Quizá digas: «Pero en realidad no *quiero* invertir en mi matrimonio. Preferiría hacer esto o aquello». Lo sé. Has puesto el corazón en eso en el pasado y estás atascado con una mentalidad de «seguir el corazón». Sin embargo, ya no tienes que dejar que tus sentimientos te guíen. La codicia es poner el corazón en algo prohibido y que está mal. Puedes elegir quitar tu corazón de las cosas equivocadas y concentrar su atención en lo que está bien.

Haz una inversión de corazón. No esperes a tener ganas de hacer lo correcto. No esperes a sentirte enamorado de tu cónyuge para invertir en la relación. Comienza a volcarte a tu matrimonio y a invertir en donde tu corazón tiene que estar. Pasa tiempo con tu cónyuge. Compra regalos. Escribe cartas. Hagan una cita a solas. Cuanto más inviertas, tu corazón valorará más la relación. De esto se trata este desafío: 40 días para guiar tu corazón de regreso a amar a tu cónyuge.